[美] 托德·威特克尔 Todd Whitaker　　杰弗里·佐尔 Jeffrey Zoul　　吉米·卡萨斯 Jimmy Casas

What Connected Educators Do Differently

"互联网+"时代，

如何做一名成长型教师

中国青年出版社
CHINA YOUTH PRESS　　中青文传媒

图书在版编目(CIP)数据

“互联网+”时代，如何做一名成长型教师 /（美）威特克尔，佐尔，卡萨斯著；杨惕，冯琳译.
—北京：中国青年出版社，2016.2
书名原文: What Connected Educators Do Differently
ISBN 978-7-5153-4030-2
Ⅰ. 互… Ⅱ. ①威… ②佐… ③卡… ④杨… ⑤冯… Ⅲ. 师资培养－研究 Ⅳ. ①G451.2
中国版本图书馆CIP数据核字（2015）第309598号

What Connected Educators Do Differently / by Todd Whitaker, Jeffrey Zoul, Jimmy Casas /
ISBN: 9781138832008
Copyright © 2015 Taylor & Francis
Authorized translation from English language edition published by Routledge, part of Taylor & Francis Group LLC.
Simplified Chinese translation copyright © 2016 by China Youth Press.
All rights reserved.
Copies of this book sold without a Taylor & Francis sticker on the cover are unauthorized and illegal.
本书中文简体翻译版授权由中国青年出版社独家出版并在限在中国大陆地区销售。未经出版者书面许可，不得以任何方式复制或发行本书的任何部分。
本书封面贴有Taylor & Francis公司防伪标签，无标签者不得销售。

“互联网+”时代，如何做一名成长型教师

作　　者：〔美〕托德·威特克尔　杰弗里·佐尔　吉米·卡萨斯
译　　者：杨　惕　冯　琳
责任编辑：肖妩嫔
美术编辑：张燕楠
出　　版：中国青年出版社
发　　行：北京中青文文化传媒有限公司
电　　话：010-65511270/65516873
公司网址：www.cyb.com.cn
购书网址：zqwts.tmall.com　www.diyijie.com
印　　刷：三河市文通印刷包装有限公司
版　　次：2016年2月第1版
印　　次：2018年4月第4次印刷
开　　本：787 × 1092　1/16
字　　数：100千字
印　　张：9.5
京权图字：01-2015-7032
书　　号：ISBN 978-7-5153-4030-2
定　　价：29.90元

版权声明

未经出版人事先书面许可，对本出版物的任何部分不得以任何方式或途径复制或传播，包括但不限于复印、录制、录音，或通过任何数据库、在线信息、数字化产品或可检索的系统。

中青版图书，版权所有，盗版必究

CONTENTS 目录

INTRODUCTION 序言

教师最好的成长就是与世界产生积极的关联

在"互联网+"时代，新技术、新理念扑面而来，面对教育环境的改变，教师需要思考两个问题：我们如何做一名成长型教师，实现自己的专业发展？什么时候才是一个教师与更广阔的个性化学习网络开始接触的最佳时机？

如果你还没有开始意识到要利用互联网与世界各地的教师产生关联，以促进自己的职业成长，那么最佳时机就在当下！你要知道，如果永远不开始与世界上从事教育的其他教师一同分享你的热情，那么就一定会错过很多让自己成长的机会！

成为一名成长型教师是一种理念，这一点是最为重要的；一个成长型教师更倾向于采纳或者实践一种理念，他们确信：

● 教师可以通过网络，对那些想要通过实践来提高工作效率的社团施加影响，并且可以提升学生的学习状态。

● 教师可以也应该创建一个网络，用于分享经验、与专家接触以及解决问题。

● 教师要想成为一个成长型的"教师"，首先就要成为一个成长型的"学习者"，这就需要他们突破自己的圈子去学习、去分享，并且通过网络与那些对教育感兴趣的学习者一起合作交流。

● 教师必须通过多种途径与他人合作，这些途径包括：通过互联网和社会媒介等手段，与全球的教师互动，在网络安全的前提下开展网上对话，然后再把他们的收获带回到课堂、学校、社区和各种组织中去。

● 教师绝不可以轻视自己身边的同事，我们也不建议打破教室当中的"平衡"。成长型教师所追求的，只是通过持续不断的改进获得专业上的成长。

● 教师不能只是像一个阅读者或者一个观察者那样生活和工作，而是应该积极地投入正在进行的讨论、计划和对问题的求解中去。

● 教师完全可以拥有一个大容量的全能型大脑，其中充满了各种各样的理念和"点子"。

● 教师应该运用科技或社会的手段，使自己的个人成长和职业发展更具个性化。

简而言之，我们可以这样来简单地定义"成长型教师"：他们是一群热情积极且坚持不懈的人，他们努力寻找新资源和新机会使自己不断成长。在"互联网+"时代，我们又称其为"关联型"教师，他们是一群正在与这个世界发生正面且积极关联的教师。在本书中，我们希望和大家一起分享在学习和成长中那些有实际意义且操作简便的办法，这些办法可以促使我们采取专门的行动，增加我们的发展机会和资源。

我们曾经与全世界很多不同岗位的教师谋面，他们对与身边同事之外的其他人接触都表示出很大的兴趣，可他们往往还是会按兵不动，总觉得现在才开始在职业生涯中做这件事情会不会太晚了，或者因为这样或那样的原因而犹豫不决。对于任何抱有类似想法的人而言，你们必须了解：其实，每一个人在超出我们平常职业范畴之外，通过一种全新的方式去开辟一个新的、更全面的私人学习型网络时，大家体会到的感受都是一样的。实际上每一个人在超越自己的"心理安全区"去与外界接触时，都会表达出抗拒和排斥的心理。对于原有的更加传统的思维方式、工作模式和交流形式，我们已经应付自如，我们每天忙于自己的工作，参加日常的各种会议，出版自己的书和论文，给我们私下见过面的全球各地的教师发电子邮件，或者还要给与我们有着合作关系的教师打电话。诚然，我们所做的这一切，都是我们面向自己所尊敬的人们，与他们保持沟通和学习的方式。这也是这本书的关键原则之一：成为一个关联型教师，并不意味着就要放弃上述各种我们业已熟稔的传统联系方式。我们在观察那些真正的关联型教师通过各种不同的方式进行联络的同时，并没有忽略这个事实：再密切的在线联系方式也永远无法取代面对面的交流。话虽如此，我们发现作为一名职业教师，通过新的途径进行沟通，的确让我们变得更加脚踏实地、更加学识渊博、更加精力充沛，也更加高效。

关联型教师深刻地明白他们为何要努力去沟通交流。实质上，这一切努力关乎他们如何能够成长得更好，如何能够更好地为学生服务。我们发现，那些优秀的教师为了让自己变得更加杰出，正在更努力地与其他同行们保持着关联。如果此时你正跋涉在成为一个关联型教师的道路上，我们要为你鼓掌喝彩；如果此时你还在等待着一个飞跃的时机，那么我们期待你加入我们的行列，与我们携手共同学习！

第 1 章

INVEST IN A
PERSONAL AND
PROFESSIONAL
LEARNING NETWORK

创建个性化与专业化的学习网络

返校后第一周的喜悦心情已经烟消云散，玛丽老师现在感觉，在接触一张张新面孔的过程中，在与同事们互动沟通时，在准备迎接那些经历了漫长的暑假急于返校的学生之后，自己的精力已经消失殆尽。现在，她一个人独自待在教室里，远离同事，只感到疲惫、沮丧和孤立无援，她深切地渴盼着成熟的个性化和专业化的沟通。

应该说，上述场景在我们这个职业中再普遍不过了，特别是对新教师来说尤其如此，因为他们尚未从建立一个资源支持系统中尝到甜头。根据资料显示，在职业生涯的头五年中，几乎有一半的新教师离开了这个行业。研究还显示，那些坚持超过一年的人，在五年之后离开的比例也高达45%。

教书通常被描绘成一项孤独的职业，在很多学校，教师一年有180天要走进教室，关上门，竭尽所能地工作，力求完美。他们每天花90%的时间和学生待在一起，很多教师之间的重要交际因此被剥夺，造成了教师效能低下，缺乏冒险精神，表现欲低，疲于奔命。很可悲，我们甚至开始怀疑自己是否还能做出哪怕一点点的改变！**教师和其他职业的从业人员一样，需要和同事沟通交流，也需要通**

过互惠互利的投资来促进自身的成长和发展。为什么这一点如此关键？因为高效能教师都已经意识到，花些时间与那些能够提供个性化、专业化建议的人们接触，对避免自己成为信息孤岛来说是极为重要的。这些教师甚至已经意识到，学生成功地融入学校生活的过程，从专业的角度上看，实际上与这个道理是如出一辙的。

这就是我们在本章标题中使用"投资"这个词的意图。从根本上来说，我们发现任何个性化学习网络的成功和影响力，都是基于所"投资"的时间和努力，其中的每一个个体不仅乐于与别人分享，而且也更加敢于担当。创建一个个性化的学习网络需要集体的努力，但只要这其中每一个人都愿意奉献自己，那么我们的投资回报应该是毋庸置疑的。我们应该清楚地知道：与人分享并不意味着自己将受制于他人，同样重要的是，我们也可以随时中止，这样我们就可以从自身所得到的信息反馈中获益匪浅。这些"信息反馈"是构建和投资一个个性化和专业化学习网络的一部分。

从科学角度来看，"开始沟通"通常涉及一个"PLN"系统，这个"P"有时候指的是"Personal（个性化）"，有时候又代表着"Professional（专业化）"。而我们认为这两者是同样重要的，于是我们可以把它视为"P的2次方"，我们有时候也称它为"P^2LN"，如此就能更全面地表达出这样的含义：我们通过网络学习所获得的持续成长不仅是个性化的，而且也是专业化的。

全身心地投入沟通交流

我们一直鼓励大家抱着一种服务的心态来开始沟通交流。我们必须认识到，个人学习网络成长的关键，从始至终都需要一种真实诚挚的态度，为了一个比我们自身需求更重要的原因来参与其中。换句话说，一旦我们决定行动起来的时候，一定要全身心地投入。以下分享我们P^2LN网络的一名成员的个人经验，我们可以通过这些经验来证实这一点：

这位P^2LN的成员同时也是一位作者，他在一次10分钟的会谈中教会了我什么是"服务型领导力"——这种通过交流获取经验的方式，是我从日常积累中总结出来的。

我搞砸了一件事，我曾经争取到一个黄金机会，到某个学区的一所优质学校担任校长助理。这所学校具有很高的学术水平，这个职位在学校内部也没有其他竞争者。但那个时候我自己筋疲力尽，因为之前的整整一周我都在其他地方面试。我就这样开始了糟糕的面试，低落的情绪把我打败了。面试结束后，我拖着疲惫的身体来到一个没有空调的房间，校方让我在那里坐下，说是要另外再等上45分钟，没有任何歉意也没有任何理由告诉我为什么要到这个房间里等待。这难道就是我刚才还想尽力留下的地方吗？不，我必须让他们知道我的不满！我离开了那个房间，浪费了这次机会。

但是我得到了一位来自P^2LN的朋友的支持，没有继续低落下去。

接下来的一周，我又得到了这所学校的一次面试机会。这一次，那位朋友仍然对我充满信心。我直接通过微博给他发了一个信息，让他打电话给我，他很快从得克萨斯的圣安东尼奥给我打来电话。事后我才知道，那时他正在那儿开会。我当时急需别人的支持，而他也知道那个时候最重要的事情就是支持我。在整个交谈中他非常关心我，尽管他说得并不多，但是做得已经足够多了：打电话过来、倾听我的诉说……而让我尤其难忘的是，当我向他描述我的感觉有多糟糕的时候，他回应我道："这没什么大不了的！"打完电话的第二天，我出去闲逛了一天，好好地放松了一下，虽然最终我没有得到校长助理那个职位，但是我的表现赢得了后面的面试。第二周，校长打电话给我，称赞我在面试中的出色表现。自那以后，如果我正在帮助那些挣扎在失败阴影下的朋友，都会找一个合适的时机，向他们说出那句话："这没什么大不了的！"

如今，经过一次偶然的微博上的联系，这位同事已经成为了我们P²LN网络当中不可或缺的成员，事实上，我们也一直在寻找一个可以面对面交流的机会。幸运的是几个月后，这个机会就来了。虽然我尽量避免让整件事情听起来过于戏剧化，但这看起来确实是一个改变生活的时刻，在某种意义上它的确使我们彼此都更加亲密。当你看到与你保持联系的某个人，在互动交流的推动下不断成长、更加自信、更加出色的时候，那种开心的感觉真是难以言表。事实上，关注他人是一项艰苦的工作，它需要消耗精力、时间、体力、耐心，还需要我们对承诺和理解有着严肃认真的态度。同时我们还要意识到，这不仅是关乎自己的事情，而且关乎我们在任何特定的时候都能为别人做些什么的问题。我们必须有意识地预留出自己的时间，这样才不会在别人最需要帮助的时候，错过影响他人的机会。尽管关联型教师的目的并不是通过关注别人获得什么回报，但是通过关注别人，他们也同样会收获颇丰。当我们下定决心愿意为关注他人而承担风险之后，这些回报就会随时随地涌现出来，等待我们去收获。关联型教师深知，这一切都源于他们开始创建个性化和专业化的学习网络。

微博的力量

对于不善于关联的教师来说，微博很容易引起一些抱怨，比如，"我不想了解它！""这是用来干什么的？"或者是："我才不关心艾什顿·库彻尔或者贾斯汀·比伯说些什么呢！"我们听到过太多的故事，关于人们如何漫无目的地打开微博账户，不一会儿就失去了兴趣，然后就不再把它当成一个职业学习工具。但是对于其他那些下定决心要进步的教师来说，微博变成了交流中最得心应手的工具。从大体上说，他们发现了微博的魔力，对它爱不释手，然后通过一次次的尝试开始明白它的价值，最终理解到微博的确会对他们个人和职业的成长产生影响。那么对于这些微博用户来说，什么才是他们的转折点呢？他们如何才能做到其他人所不能做到的事情呢？他们如何掌控自己的学习，又如何开始培育、维护及发展足以让他们与众不同的P²LN网络的呢？

在微博上建立个性化与专业化的学习网络

在通过微博开始发展自己的关系网络时，你首先需要了解进行个人介绍的目的和意义。在选择微博名的时候，我们强烈地建议你尽量使用真实姓名，或者用尽量接近真实姓名的微博名。你的目的不是在微博上隐藏自己的身份，或者利用名字来哗众取宠，你需要的是很职业地告诉大家你是谁以及你的兴趣点所在，这样才可能期待那些与你一样在寻找类似支持的"真实"的人与你取得联系。下一步，就是选择一张可以代表你的相片。再次重申，你没有必要在这里还想着隐藏自己的身份，包括你的长相。请相信我们，如果你对自己的身份遮遮掩掩，那就一定不会拥有一批忠实的学习网络的追随者。另外，关联型教师非常热切地想告诉这个世界自己是谁，他们对自己的个人资料很自信，同时也渴望与那些同样想要展示自己的同行们建立联系。

在微博上发展起一个强大网络的教师，都知道把真实面貌展现出来是何等重要。在照片之外，微博用户可以加上一个主题标签，或者为照片配上一幅背景。你可以创造性地使用一些图片，比如你的学校、学生、家庭、团队或者其他任何可以反映你的职业形象而且你也愿意和大家分享的照片。几乎所有的这些东西都可以呈现在你的主题标签上，这件事情真是挺有趣的。

接下来的事情，是要创作一份高效率的微博个人资料，也就是创作一份简历，这可能是你的微博个人资料中最重要的组成部分。你可以在这里分享自己的故事，告诉大家你是谁，你从哪里来，你赞同什么，等等。你也可以在这里共享一些链接，这样你的"粉丝"就可以通过浏览你的博客或者你的私人网页，更加方便地了解你，同时也了解你个人和职业上的爱好。

一旦创建好自己的个人资料，接下来就可以开始打造你的网络了。开始的方式有很多种，其中最重要的步骤就是你首先要确定关注谁，并且让别的人也来关注你。你要相信，每个人都有值得与他人分享的事情，那些你觉得不值一提的事情里，或许蕴藏一些别人觉得很深奥或者很有价值的道理。**势在必行的是，你必须改变那些习惯性的否定性思维，比如"别人凭什么要关心我说些什么呢"，还要把自信挂在脸上，因为你肯定拥有一些独一无二的才能和经验。**只有这样，别人才能从你这儿学到东西，而且也更愿意与你交流。运用"搜索"键来寻找那些活跃在微博上的教师，他们会推荐很多有价值的资源给你，你可以浏览一下那些他们正在关注的信息，读一读他们的自传，看一看他们的微博，然后仔细研究一下他们都在关注谁，谁又在关注他们——不要觉得做这些事情有点唐突，事实上这就是我们如何建立自己的学习网络的第一步。你的目的是发展一个可以在专业上与同行互动的网络，你要通过它来交流和收集信息，学习和分享不同的观点，并交换手中的资源。

向其他使用微博的人发送消息，通常是以@符号作为开始的。你可以向他们询问一些特别的问题，但在开始时不要急于求成，千万不能一直不停地发送消息。我们推荐你这样开始微博生涯，那就是每天发送四条简单的微博消息：询问一个问题，分享一个资源，回复一条评论，最后发送一条个人信息告诉大家你是谁，最终这些都会在别人通过微博联系你的过程中，打上你自己的个性化烙印。另外还有一种不错的选择就是"潜水"（只是简单浏览微博信息而不去做出回应）。其实光是通过浏览别人分享的那些令人着迷的资源和观点，你就可以学到不少东西了。随着个人网络的不断发展以及安全感不断提升，你会发现此时自己已不愿错过微博消息了，这是很有可能发生的。如果是这样，也别在意，在微博上这些信息都是以信息流的方式存在的，就像是水流一样，你的微博信息流每天会从早到晚不停地流淌。当你准备什么时候再"潜"回去时，你只需要找到之前是在什么地方上岸的就行了，微博会以新信息或者重复闪动的方式进行标记，告诉你哪些消息是你之前没有阅读过的。

关于你在开始使用微博时，需要多频繁或者必须最少使用多少次，其实是没有什么时间限制或者强制要求的。按照自己的节奏来，既不要让担忧和顾虑来驱动你的时间表，也不要包容自己的脆弱。一旦你通过微博与其他人开始互动，关注你的人就会不断地增加，同时你的自信也会慢慢提升。但是要做好思想准备，你的"粉丝"会在某一时段达到平台期，关注者的数量会开始停滞不前，此时除非你决心扩大自己的参与力度，否则这种现象会一直持续。千万别让它延缓你的发展！要保持前进的步伐，可以让自己冒一点风险加入一个聊天群中。当参与聊天时，你可以扩大你的听众群，并且可以在同一特定话题下，和那些与你持有同样观点的人展开互动。通过这种做法，与你志同道合的人就会不断增多。你可以关注这些人的微博，同时这样做也会增加你的关注者，换言之，这时候你已经开始把自己的P²LN网络打造得更加强大了。

　　某些偶然的机会，我听到有些人说，他们不需要任何追随者，也根本不在意自己的追随者有多少。好吧，他们这样做理所应当，而你这样做也是理所应当吗？通过微博进行沟通交流，并不是在较量谁的受欢迎程度更高，也不是以拥有"粉丝"的数量来标志着某种社会身份，我们这样做，只是为了让自己的影响力尽可能地延伸，于是我们就要尽可能多地拥有自己的听众，这就是关联型教师的思想与众不同的地方。关联型教师希望从个人网络中获取信息，也尽可能地给予更多的人以更多的信息，这样一来，关联型教师的网络不断扩大，朝着可以覆盖全球的规模发展。我们周围有一些教师，每天都在学校里"舒适"地完成一成不变的工作，满足于从那些与自己打交道的人那儿了解一点儿信息。关联型教师完全超越了这样的工作状态，他们带着强烈的使命感去扩展自己的职业学习网络，为的是使自己在工作中变得更好，最终，也只有他们能够为自己的学生或者周围的同事提供更优质、更符合需求的服务！

只要通过微博联系到其他的教育工作者，你就获取了一批数量惊人的资源，还有一大群对学习充满渴望，并且愿意与你分享知识和经验的教师。那些能够熟练使用网络的教师，早已通过微博加入与教育相关的社区，充满激情地开始了一种全新的职业生活。事实上，在刚开始使用微博时，你不需要也不可能达到他们那样的程度。我们建议你可以先加入一个尚在成长中的关联型教师团体，因为这样你不仅可以从别人那儿获取知识，而且更重要的是，在这样的团体中你也可以贡献自己的时间和资源，也就是说，你这样做对大家的职业发展同样会产生影响。你在微博空间中的存在，不仅给予自己扩展知识面的机会，而且也带来了更多的机会，让你能够把这些知识传递给别人；它还能够使你对其他人产生更强烈的影响，这些影响甚至超乎你的想象。通过微博接触外界，将会极大地激发你的热情，把自己的职业圈子扩展到超出原来所在的组织范围。这个圈子可以囊括所有与你志同道合的人，你们将一同发展重要的职业纽带，并通过这个纽带更好地服务自己的学生、家长和同事。总之，你会变成一个充满职业热情、善于鼓舞人心、正在努力迈向卓越的职业斗士！

挤出时间拓展自己的学习网络

多少年以来，世界各地教师的职业生涯基本上都处在一个信息孤岛上，这和我们教师的身份多少有点自相矛盾——我们被自己的学生和同事包围着，每天有着数百次的沟通和互动，但我们仍然会觉得自己很孤独。站在职业的角度来审视这个问题，我们夜以继日地备课，在网上搜索资源，与学生交流，对布置的作业进行反馈，或者埋头于繁杂的日常工作。与此同时，我们也发现上述的工作大多只需要独立完成，不需要耗费太多精力进行成年人之间的互动。在上班期间，你很少听到同事会说起自己去了哪里，就好像大家从来就没有到过教室或办公室以外的地方；或者你也很少听说哪位同事会外出几天甚至好几周，消失的这段时间大家似乎也没觉得有何异样。这种情形是不是听起来很耳熟？事实上，这就是全世界教师最普遍的一种生存状态。打个不恰当的比方，大家就好像生活在一座缺乏联系的监狱里，每天被指派着去干各种差事。

教师总是对自己在职业生涯中的人际关系网络不满意，如何改变这一状态？在这里我们提供一个三个词的建议，那就是：现在！开始！联系！请相信我们：开始建立专业的和个人的联系，将会成为教师改变生活方式的重大举措。同样地，扩大交际网络意味着要超越传统的交往模式，例如电子邮件、电话、工作室以及各种会议。尽管基于网络的信息技术可以为教师提供众多新的可能性，然而应付繁杂的日常工作已经让我们筋疲力尽，真的没有太多时间去跟上信息技术发展的步伐。随着科技发展涌现出来的各种工具，诸如微博、Facebook、Skype等，仅仅只是列举这些名字，就已经让大多数人眼花缭乱，那我们该如何应对呢？难道真的要放弃吗？实际上，我们现在需要做的就是挤出时间。在过去的几十年中，我们生活的世界在全球化浪潮的冲击下已经发生了翻天覆地的变化，我们必须为学生和同事做出表率，勇敢地迎接这些新的变化。现在，我们可以很轻松地借助互联网联络全世界的教师。

对于教师来说，为给我们自己及我们的学生创造更多的机会，是时候全力拥抱这个令人惊奇的资源了。斯科特·麦克罗伊德提出，教育工作者应该彻底地融入21世纪的教学和学习中，他建议大家直接从思想观念上进行彻底的转变，从一开始就明确目标，下定决心成为一名关联型教师。麦克罗伊德的观点向我们的常规工作和一成不变的行为模式发起了挑战，毫无疑问，这其中包含着一系列重大的问题，只有当我们成为关联型教师后才能明确地回答它们，这些答案在我们创建、维持和发展个人与专业网络的过程中几乎无处不在：

● 什么时候我们会考虑将业余生活中使用的新科技整合到教育教学中去？换句话说，什么时候我们可以离开纸质笔记本或文件夹的世界？

● 我们花在"以教师为中心"方面的科技（比如互动式白板）预算，是否比花在"以学生为中心"方面（比如平板电脑）的预算多一些？这些预算在一所学校用于更新技术的投资里所占的比重是多少？

● 现在的孩子们生活在一个可以自由地创造、分享、合作、联系、发表观点和作品的世界里，我们如何通过教育的力量将他们培养成在线的合作者、创造者、分享者和贡献者？

● 我们如何借助科技的力量为我们的学生提供独具特色的、个性飞扬的、量身定做的学习体验呢？

● 典型的学校发展变化都是线性增长的，但是现在我们周围的事物都在以指数形式变化着，这就好比把应该在150年里发生的工业革命压缩到15年一样。对于学校从线性增长到指数型增长的变化，我们是否已经做好了准备？

● 我们花费大量的精力，向学生传授安全、适用和可靠的应用技术，我们是否忘记了更重要的事情是教会他们如何让这些应用产生功效？

● 世间万物都在向互联网方向发展！所有事物！没错！当我们在教学生如何写作的时候，是否教会他们如何使用超文本链接、网上写作、在网络空间与世界各个角落的读者进行交流互动？

● 我们是否真正了解我们的孩子们正通过社会媒介做些什么？我们自己通过新闻媒体主要了解到一些什么样的信息？

● 我们是否有目的、有意识并且清楚地将新信息技术的使用方法示范给了学生？

● 在未来，我们的学生将成为数字化、全球化的居民，去面对空前激烈的经济全球化竞争，而我们现在正在做的事情是否是他们最需要的？

要有效地解答上述问题，需要我们大家联合起来相互学习。关联型教师深深地明白：不仅自己要做一个终身学习者，而且要把这种贯穿一生的学习态度在自己的学生面前做出最好的示范。他们知道自己单枪匹马是不可能学会所有东西的，所以会有意识地与志同道合的学习者共同建立一个网络，随着时间的推移，这样的职业网络将逐渐演进成不可思议的资源宝库。教师应该花费宝贵的时间去争取机会，与其他有志于追求卓越的教师进行对话交流，最终实现成为关联型教师的首要目标。这样个性化的联系允许我们设定自己的人际圈半径，根据自己的具体需要去展开联系。在过去，因为受到地域、时间或其他因素的限制，加之缺乏通道而且在信息量方面明显不足，这样的联系只能有限地进行，而今天，这些所谓的制约因素因为各种虚拟工具的引入，早已成为过去。这些工具允许我们投身于更加广阔的空间，而且可以将我们的学习机会延伸至无限制的边界。

每一位教师身边都可以创造出很多唾手可得的学习机会，这些机会不仅仅可以对别人的职业发展产生影响，同样也会对教师个人生活产生影响。通常，人们更为关注与期待自己所能得到的回报，但是如果我们希望自己的学生能够为将来做好更长远、更充分的准备，就必须放弃过去的生活方式，充分认识到成为一名关联型教师的意义以及成为一名终身学习者的重大价值。在成为一个关联型教师的征途中，我们越自觉地努力，我们的学生成为关联型学习者的可能性就越大，我们能为之提供的帮助也就越多。

在学习网络中寻找价值

学数学的学生经常被要求用"最简单的形式"来给出答案，这样才会促使他们努力地去寻找一个问题的正确答案。但他们容易忽略一点，就是在努力寻求最准确值时，有时候必须去改变等式的平衡。同样的道理也适用于学习型网络，有一次，我们偶然听到一个教师跟别人说："最近我总是感觉自己像一头孤独地围着磨盘转圈的驴子，也不知道自己下一步该往哪个方向去。"在教师中与她有相同感受的人比比皆是。对他们而言，应该意识到现在也许就是改变平衡的时机。与其在日常工作中总是绕着磨盘孤独行走，还不如去参加一个星期日晨跑社团！如果你恰巧之前参加过跑步俱乐部，那么你就应该很清楚，加入由一群充满活力、有着相同爱好和相同目标的人所组成的团队，这种感觉有多棒！不是吗？简单地说，它能让你整个人焕然一新！好了，当你加入这样一个学习型网络，里面的成员都是优秀的教育工作者，他们立志对所有孩子产生不同寻常的影响，也都渴望自己能够变得不同凡响，那么，你就一定会找到这种相似的感觉。安吉拉·迈尔斯是一名教育工作者、作家及演说家，专注于研究社会媒体的运用对教师的影响，她曾经说过："每个人都希望能做点有价值的事，每个人都希望事有所成。要保护他们内心的热情，你会因他们所做出的贡献而备受鼓舞。"

如果你之前曾听过安吉拉的演讲，那么就应该了解她演讲的魅力，同时她也非常善于阐释自己的体会和感受。安吉拉通过阅读、写作和全球化联系的力量，将她的观念传播到了各个年龄阶层的学习者中。她通过自己的学习网络与世界上其他教师相互联系，并在这一过程中找到了自己的价值。她的经历是对关联型教师最好的诠释，和安吉拉一样，很多教师同样也找到了成为一个关联型教师的价值所在，并且已经加入志同道合的网络团队。在这里，大家都对工作充满激情，不断追求卓越，力图让自己变得更加与众不同。

布拉德·库里，一位新泽西州的学校管理者，同时也是微博上一个颇受欢迎的教育论坛的创始人和论坛版主，他就是一个致力于成为关联型教师的完美榜样，他不仅在自己的专业上成绩卓著，而且还利用自己的经验让学校得到发展。库里曾经发过一个标题为"采取行动"的帖子，从细节上描述了自己的学校黑河中学开始出现的那些特别的转变。换句话说，他把那些从学习网络中获得的有价值的信息，转化为促使学校发生变化的催化剂。毫无疑问，这些转变恰恰源自他从网络上所联系的其他人身上学到的知识和灵感。

世界各地的教师正在走出自己的"舒适区"，逐步改变着自己的教室和学校。他们使用电脑、iPad和智能手机，通过各种可以访问的免费工具与志趣相投的人们保持着日常的联系，并在这些联系中寻找自我价值。他们正在组建"关联型社团"，接下来，这个社团将会让他们提升到一个更高的层次，最终会通过一些更加积极的途径使他们的学校、社区和学生受益。

我们的职业已经沉默且孤独得太久了，很久以来，我们就一直在教学和学习这片汪洋之中，仅凭一己之力独自奋桨前行。现在，是时候改变这一切了！我们应该与那些愿意与我们共享热情和期望的人紧密地联系在一起，这样才能对我们的职业学习担负起责任。 为了做到这些，不管怎样，我们必须找到可以持续不断地"利用好每一分钟"的时间，以关注其他人以及我们自己，只有这样我们才能施展作为一个教师的所有潜能。关联型教师将通过关注个性化和专业化的学习网络而迈出自己的"第一步"，接下来，所有在这场旅途当中的步伐，都将是对这"第一步"的跟随和效仿。

🔑 5项行动措施

我们总结了5项行动措施，你可以借助这些建议来开始或继续成为一个关联型教师，以下就是针对如何建立你的P^{2}LN，我们建议你采取的5个步骤：

1. 创建一个微博账户，建立一个专业的个人资料和一个简短的自传。

2. 通过微博跟踪研究一位关联型教育工作者1~10天，不仅限于浏览他的自传，更主要的是关注他发送的微博消息：他多长时间发送一次？他在关注谁？谁在关注他？他参与了哪些微博聊天？

3. 在开启账户的第一月中，至少跟踪50位与你"说话"的教育工作者。

4. 在微博上的第一周，每天至少发送4条微博消息，问一个问题，分享一个资源，回复一条别人发出的微博评论，发送一条个人微博信息告诉大家你是谁。

5. 在开启微博账户的第一个月，设立一个目标：获得50名"粉丝"！

Chapter 2

第 2 章

LEARN WHAT
THEY WANT, WHEN
THEY WANT, HOW
THEY WANT

巧妙解决教学需求

你不能教会所有人他们想知道的每一件事情，那么最好的办法就是告诉他们：当他们需要了解新知识的时候，在哪里可以找到他们需要知道的东西！

——西蒙·派珀特

众所皆知，关联型教师都热爱学习，他们不愿意将他们的这种对职业学习的热爱，禁锢于传统的沟通模式当中，他们会在任何时间、任何地点找到与其他教师沟通的途径，并且选择最适合他们达成学习目标的交流方式。

最近几年，探讨关于学生自主学习方面的文章已经屡见不鲜，但是相比之下，关于教师自主学习方面的文章却太少了。令人欣慰的是，全世界的关联型教师已经在自己着手解决这个问题了，他们开始联系周围或者更远的同行来开展自主学习，并且通过不断的努力，充分学习和吸收能给他们带来进步的知识。关联型教师很容易就能找到最适合自己的学习对象，这些学习对象和他们一样，正在面临同样的问题，并且都在积极寻找应对挑战的新办法和突破口。

在这里，我们首先举一个关于渴望向从事类似工作的同行学习的例子：有一位教艺术学科的教师，她所在的学校只有她一个艺术教师，她可能会在学校或者学区中寻找一些与她日常教学相关的课例。但在实际上我们都知道，这个教师的成长和进步最好的办法是让她和其他的艺术教师一起合作，如果有机会让她接触到这个世界上的其他艺术教师，那么她完全可以开始自己的个性化学习，汲取她真正需要的知识，懂得如何成为一个更出色的艺术教师。关联型教师会设法和其他人保持紧密的联系，分享学习兴趣，这样他们就能很轻松地获取自己真正想学的知识。

和其他所有教师一样，关联型教师在日常事务中也总是非常忙碌，同样也不能在学校将自己的学习机会最大化。**但是他们中的很多人已经发现，在学校工作日以外的学习，不仅可以更加灵活地满足他们的学习需求，而且可以提供更舒适、更放松的学习环境。**在我们工作过的很多学校里，都会发现教师专用的学习时间是非常少的。如果你现在正在一所典型的公立学校教书，那么即使你每周想抽出一个小时的时间用来学习新知识，这样的机会都会非常渺茫，这是因为你的所有行为都被编入了学校的教学计划表中，成为了板上钉钉的常规安排。令人苦恼的是，这样的情形直接导致教师在这种周而复始的工作环境中，没有足够的时间来学习他们需要或感兴趣的知识。而且在学校里，每一个工作日都充满着意想不到的变化，让我们疲于应付，每天最想做的一件事情就是能早早下班回家，躺在沙发上好好放松一下！关联型教师只能在晚上甚至是周末挤时间来进行个性化学习，以促进自己的成长。别无他法，当他们选择要成为一个关联型教师的时候，就注定要寻找各种机会，利用所有的时间来学习。

在过去的10年中，关联型教师已经开始考虑自己需要什么时候学习和需要学习什么，这当然不会局限于所在学校和社区提供给他们的那些学习材料。从时间上来说，也不会局限于他们与所在学校签订的协议中必须要完成任务的工作时间。在任何时候，他们都会竭尽所能地查找相关资料，积极主动地进行个性化和专业化的学习。此外，关联型教师也懂得什么才是最佳的学习方式。为了在需要获取支持的时候，能够及时地联络到其他关联型教师，他们也会因地制宜地设计最适合自己的学习计划。在前面，我们已经介绍过微博在帮助关联型教师达到这一效果时的强大功能。作为教师的一个专业学习资源，微博的作用在这本书中会一再被提及。在这一章中我们将向读者展示微博的一些特殊功能，这些功能对于教师来说无疑是一种理想工具，可以帮助他们了解自己需要什么、什么时候需要以及如何需要。

巧用微博，迅速资源共享

在微博上，"#"已经成为一个被频繁使用的符号，根据微博技术支持团队的官方说法："#是在发布微博时用来标注关键词所示主题的符号。"像其他许多的微博社区一样，"#"是由微博使用者有意识地"发明"出来的，他们用"#"来对消息进行分类。人们在自己的微博中，把它用在有重大意义的短语或者关键词之前进行消息分类，这样就可以与对这个主题感兴趣的其他微博使用者展开联系。关联型教师频繁地使用"#"来分享或者寻找微博信息，包括与他们感兴趣的主题有关的各种参考内容或信息来源。举个例子，刚刚我们正在看微博的推送内容，发现来自迈克·尼泽尔的微博"10种激励他人的惊人方式#领导力"。

在这个微博中，迈克作为一名校长，对于"领导力"方面特别感兴趣——分享了一篇领导者如何激励他人的文章链接，其中就包括了这个主题标签——#领导力。通过微博中包含的主题标签，迈克第一时间以突出位置分享了一篇值得阅读的文章，这篇文章与他的职业学习兴趣点的主题紧密相扣，此外，他在其中加入了"#领导力"这个主题标签，这样其他人在看到他的微博"10种激励他人的惊人方式"的时候，很容易知道这篇文章是在讲述有关"领导力"的内容。那些和迈克一样对"领导力"感兴趣的人就可以点击这个主题标签。当用户点击任何标注了主题标签的词语时，还会显示出这个"#"下隐藏的一系列其他微博信息。如果你在迈克的微博上点击"#领导力"，那么你就会看到这个兴趣主题下的其他大量的评论、观点、问题、论据以及链接资源。

关联型教师通常会用到上百种主题标签，一名中学教师想要寻找其他中学阶段的教师，或是想寻找一些与中学教育有关的资源，那么他就可以在自己的微博中加上"#中学教育"主题标签。类似的，痴迷"基于项目开展学习"的教师可以用"#基于项目开展学习"作为主题标签，关注"社会情绪化学习"的可以用"#社会情绪化学习"，对数学有浓厚兴趣的则可以使用"#数学"，等等。如果这些主题标签使用得当，就可以把大家的关注点都聚焦于微博中所谈论的主题上。除了在感兴趣的话题中加入一个主题标签后再发送微博消息之外，还有一个更简单的方法也可以找到自己感兴趣的主题，那就是在微博提供的搜索栏中直接输入一个主题标签。举个例子，你刚刚在搜索栏当中输入了"#教室管理"主题标签，马上就会找到很多与之有关的资源。这些资源不仅与你的问题密切相关，而且非常实用，对任何希望在工作中做得更好的人来说，都是很有帮助的。当关联型教师通过微博联系起来共同探讨职业学习问题时，无论彼此的目的是分享"资源与思路"，还是获取"资源与思路"，主题标签的使用都可以取得很好的效果。

促进教师成长的关键因素

对于关联型教师来说，他们和其他人联络的强大手段之一就是参与到微博聊天中去。微博聊天是一种事先确定好专门主题的在线讨论，人人都可以参加。比较典型的例子是，教育工作者的微博聊天一般会在固定时间展开。此外，还有一些集中探讨某一项工作的很专业的聊天，这些聊天主要是应某一特定专业领域的教师或者不同年级的教师的要求而发起的。这样的聊天通常紧紧围绕着"教育"这一大的主题展开，就像每个人开始尝试新鲜事物时一样，一开始在微博聊天上进行交流是充满挑战的。在大型的聊天当中，有时候在你眼前跳出的微博消息非常快，以至于你不得不承认，你的眼睛若要追赶上信息更新的速度是很困难的。其他有些时候，聊天的参与者又很少，以至于你会觉得不大可能从中得到什么新的思想。我们恳请你要学会接受这样的状况，你参与的微博聊天越多，你的 P^2LN 成员圈子就会扩展得越大，这样你才会逐渐接近更多与众不同的关联型教师。不要害怕踏出第一步，大胆地在你的 P^2LN 网络中寻求帮助。我们已经发现，自己的 P^2LN 网络成员总是很乐意去帮助一个刚刚踏上成为关联型教师之路的人，而且，当你通过微博聊天开始学习、成长和联络的时候，你的坚持就会得到回报。

教育野营，教师的个性化学习方式

尽管微博对我们来说是一个随时随地可以学习任何事物的理想途径，但是关联型教师绝不会仅仅把自己的学习局限于在线途径。事实上，尽管微博是一种实用且高效的专业化学习资源，但面对面地进行交流和学习依然具有无法超越的优势。最近，一种实现这样的"个性化"学习方式的项目获得了相当多的追捧，我们称之为"教育野营"。教育野营是一种"非会议的"、结构松散的聚会，强调的主要是参与者之间的非正式的信息、观点交流，而不是跟随主题报告发言人开始一系列的常规结构化节目安排，或者一系列计划好的环节，如专家精心筹备的关于某个主题的正式演讲之类的议程。**在"教育野营"当中，学习和交流更多是由参与者驱动的，而不是由组织者驱动的。**

在过去的几年中，来自全世界各地的组织者已经安排了上百场的"教育野营"活动，它们汇集了来自全球的教育工作者，从瑞典的斯德哥尔摩，到加拿大阿尔伯塔省，再到密苏里的开普吉拉多。另外，越来越多的学校和学区正在把之前的一些专业学习时间贡献出来，转而在学校和社区里举办这种非正式的"教育野营"。教育野营为所有参与者提供了一个公平的机会，让大家相互了解彼此，提高在各个交流环节中参与的积极程度。尽管教育野营如果以发起者的地理位置来划分，其范围改变巨大，但是它们的相似之处更多于不同之处，所有的教育野营都具备以下的一些共同点：

- 都可以自由参加。
- 都是非商业性的，通过一种非营利的形式来传播。
- 可以由任何对教育野营计划感兴趣的组织来承办。
- 活动的各个环节取决于一天里的事务安排程序。

- 会务形式就是每个参与者都可以成为发言人。

- 鼓励所有参与者找到符合他们需求的话题。

教育野营通常以一个免费的早餐会作为开始，同时也包括所有人都可以参加的免费午餐。一次教育野营可以容纳的参与者大概200人，主办方会专门接待与会者，随后欢乐的时刻就开始了：如果有谁想要了解主办方提供的会话主题，那么他就会被请到麦克风面前，当众告诉大家，在同样对这一问题感兴趣的参加者当中，他最希望通过非正式谈话的方式从谁那里学到东西。主办者建议大家在谈话的过程中，不一定要让谈话的主题来"主导"整个谈话，就算它能够促进谈话的效果也不要让它占据过大的比重。会谈一般会持续1个小时左右，这样一天下来通常就会有4个议题。尽管这些谈话的主题有可能涉及与教育有关的所有范畴，但是克里斯滕·斯万森指出，这些主题不仅仅是一些琐碎的概念，更是一些专业且实用的策略和思想，供来自各地的教师在教育野营中分享和探讨。斯万森同时也分析了教师在参加教育野营之后写下的一些回复，她发现大家最普遍关注的主题如下：

- 合作和联系

- 团队专长

- 技术工具

- 课堂教学设计

- 惊喜

至今很多教育工作者仍然把参加传统教育会议当成最优先的事情，与此同时，开始关注非传统的职业学习会议（或非会议活动）的教师数量在不断增长，他们以此来拓宽知识基础、增强综合技能，并且在会议之余与志趣相投的教育工作者见面，寻求建立长期的持续性的职业联系。因此，像"教育野营"这样的职业学习项目将成为另外一种范例，帮助关联型教师寻找机会了解自己"需要什么、什么时候需要以及如何需要"。在本章的开头，我们曾引用了一段话，这段话睿智地阐明了如果在任何主题上都试图教会别人需要了解的任何事情，肯定是徒劳无功的，这其中也包括我们自己，很显然我们自己也不可能了解所有知识。这个现实毋庸置疑，而且这的确也是当我们在决定"何时"、"如何"及教学生学习"什么"的时候值得关注的一件事。关联型教师都坚信这条真理，并以此来为自己的学习准确定位：我们需要知道什么？我们应该选择什么时间来学习？以及我们如何才能获取自己需要的知识？

🔑 5项行动措施

我们总结了5项行动措施，你可以借助这些建议来开始或继续成为一个关联型教师。以下就是针对你需要什么、何时需要以及如何需要等方面，我们建议你采取的5个步骤：

1. 选择一个和你的教育角色有关的主题标签，将这个主题标签输入微博的搜索栏中。注意在微博信息流中这些信息的类型，如果在这些信息流中发现了有价值的共享资源，你可以点击它。

2. 每周五发出一条微博信息，同时关注3~5名在你的P²LN网络中与你分享微博信息的成员，别忘了在微博信息中加上主题标签。

3. 如果你还没有加入微博聊天，那么赶紧开始吧。如果你已对微博聊天很有经验，那么请选择一个从来没有参加过的聊天，尝试着加入进去，在参与之后，记得要关注一些通过聊天第一次认识的人。

4. 参加一次教育野营。到官方的教育野营维基空间去看一下全世界最近一段时间举行过的教育野营清单，挑选出即将举办的野营，然后决定就近参与一个。如果你已经在你所处地区参加过一个每年都举行的教育野营，那么就报名参加一个稍远的、你从未体验过的教育野营。

5. 尝试着在你的学校和社区组织一次非正式的教育野营，从你的专业和岗位需要出发，询问校长或者地区行政官是否愿意腾出一些职业培训时间来组织教育野营。如果你本身就是一个行政长官，那就通过网络联络你的行政管理者，在你所辖区域的一个或多个学校中，利用在职专业学习时间组织一场这样的教育野营活动。

Chapter 3
第 3 章

EMBRACE THE
THREE CS:
COMMUNICATION,
COLLABORATION, AND
COMMUNITY

交流、合作和社团

每一个成功的个体都知道，他的成功来自于团队的共同努力。

——保罗·瑞安

21世纪的教育工作者通过关联、反射、可见和合作的途径，引领并示范着教学和学习。这样的教师认识到教育的愿景已经随着科学技术的不断发展而发生了变化，而且他们也发现了通过社会媒介和P^{2}LN网络的运用，从一个传统、孤立的学习者转变成一个关联型学习者的好处所在。他们深谙如何通过社会媒体支持的网络发展，来培养一个关联的、积极的学校文化，他们努力营建鲜为人知的学习型社区，通过与社交网络内外的社会团体成员的联系与合作，来培育优秀的校园文化。在这个过程中，每个人都有机会成为伟大时刻的见证者。

更重要的是，当我们追踪那些下决心走出学校并开始与外界进行关联的人们，以及那些热切地想要在职业发展道路上不断成长的人们时，我们发现他们之所以这样追求的原因同样值得关注。他们当中有些人可能是因为和同事格格不入，或者可能仅仅是因为自己是学校里唯一的艺术教师，还有些人则是因为既不愿意也不可能沿用周围同事的成长方式，因此只能寻求其他方式来提高自己的技能。

还有一个现象值得关注，那就是许多关联型教师在自己学校以外的圈子备受推崇——或许他们所在的学校或社区还不习惯欣赏这样一个关联型教师，也暂时没有发现他能带来的价值。但是这样一来，这些关联型教师就会长时间地感觉到孤立——因为他们觉得成为一个关联型教师的追求并没有得到肯定，甚至难以实现，于是，他们愈发觉得需要更加努力地成为一个更卓越的关联型教师。

最后，我们必须问一个问题：谁在帮助你变得更加出色？或者——更重要的——是谁在激励你走向卓越？当前学校面对的挑战之一就是能否培养积极的学校文化，这种文化要求学校团队中的每一位成员，都有勇气着手改变长久以来形成的混乱的日常工作状态，而不是得过且过。只有这样的学校文化，才可能包容和接纳这个关联型的世界，而这个世界，早已准备好满足教师们无限发展的学习渴望。

有目的地沟通

今天的教师拥有内容丰富的免费工具及资源库，这些东西非常适合用来讲述学校的故事以及学生在教室里发生的故事，像微博、博客这样的免费工具，都很适合关联型教师讲述自己的成长故事。

今天有很多关联型学校已经开始每天使用微博来发布教室和学校的消息，展示学生的学习热情和教师的工作激情。**通过创建社区、学校和教室的微博账户，教师可以将个人热情与学校团队进行分享。**如果这么做的话，需要创建的微博账户可能不止一个，学校的微博账户至少应包括一个校长账户、一个学生俱乐部账户、一个体育活动账户、一个艺术活动账户，甚至需要建立家长账户或赞助者账户。建立哪些账户，取决于学校的规模以及如何精简各种校内沟通的程序。此外，我们强烈建议你创建一个学校的主题标签，并以此来建立一个关联型的社团，这样的话，学生、教师、家长和社区都可以集中到这儿进行联络，形成一个关系密切的整体。一旦你创建了一个地区、学校或者团体的主题标签，马上将它们用于你的博客帖子、微博消息和电子邮件当中，同时要鼓励你的学生和同事也这么做。不知不觉中，一个关联型的社团就会逐渐形成和发展。还要记住，你的主题标签越长，微博预留的140字的容量就会剩得越少，因此你的主题标签要尽可能地简洁。

对关联型教师来说，只有让信息流通得快速而有效，才能使所有参与者之间的联系变得更加便捷。不管是通过140字的微博，还是博客帖子的更新，学校的教职工都可以捕捉学生在参与活动时的精彩瞬间，及时地展现他们的学术成就、音乐表现以及运动成绩，从而可以培养学生团体和学校社团的自豪感，学生会因为积极的行为而被认同，于是一些不良行为就在不知不觉中被摒弃了。通过这些方式，学生家长能够及时了解到孩子在学校的行为表现。此外，学校可以通过消息提醒把一些重要事务告知家长，比如校园开放参观、举行家长会、举办音乐会、变更日程表、停课通知和安全提示等，还可以给家长们推荐一些有关家庭教育方法的链接。

充满激情地合作

纵然当今世界已有各种各样的在线交流工具，对于职业学习和成长来说既实用又高效，但它们依然无法取代与其他教师面对面的直接合作和交流——即使规模再大的在线交流也不能完全替代私人会晤的作用。不过在一定程度上，在线交流的确已经开始扮演极其重要的角色，帮助我们与其他那些愿意分享教育目标和工作热情的人建立起有效的联系，而且我们经常发现那些通过微博或其他在线平台发起的虚拟的职业联络，最终还是会演变为我们P^{2}LN成员之间的面对面交流。

举一个例子：一群来自各地的关联型教育方面的领军人物，决定借助在华盛顿特区召开全国高级中学校长联盟年会的机会，举行一次面对面的私人会晤，这群人一开始都是通过微博相互认识的。一天，当他们正在午餐时间谈论着各自学校里那些重大事件时，谈话的主题不知不觉地转移到作为一个领导者应该做些什么才能支持教师变得更加善于交流这个主题上了。他们一致认为，通过交流可以将自己已经拥有的经验分享给教师。根据大家意见交流的结果，他们开始筹备一个教师交换计划，与当时在学校里正在推行的学生交换项目类似。这个计划涵盖了所有通过社会媒介关联起来的教师，将他们"交换"到其他学校，在那里用一天时间近距离观察课堂教学，并和其他教师交换意见，最后，他们可以在自己家中招待回访的教师。

　　作为一个关联型教师，我们必须努力地在学校和社区支持我们的同事，这种支持甚至要通过合作的方式贯穿到整个学习的过程中。有时候，这需要挑战自我，走出自己的"舒适区"，这也是教师在仔细考虑自己的实践和经验之后，为了成长为一名关联型教师而给予自己的期望。成为一名关联型教师绝不仅仅是为了享受优质资源，更是要求我们必须愿意回馈。要这么做的话，我们需要创建了一个个人博客。建立个人博客账户的平台很多，在这儿就不一一列举了。在决定使用哪一个博客平台之前，你应该把下列这些问题牢记在心中，以此来判定哪一个平台是最适合你的：

　　● 我是否想要自己设计和主持自己的博客，或者宁愿依靠托管业务来完成这一切？

　　● 我是否愿意自己来创建博客主题，或者说我是否习惯于使用一个现成的博客主题？

　　● 我自己能否安装一些自定义插件，或者说我对所选平台自带的功能已经很满足了？

　　● 我今后是否会经常创作较长的帖子，或者只是经常转贴在网上看到的有趣的文章？我是否需要博客平台保证上面两个功能都能实现？

● 我是否希望今后其他人可以对我的帖子进行评论，而且还可以针对博客内容通过公开的方式和我进行互动？或者我只是希望能有个地方将我自己的文章发表出来，其他人只能阅读它，但是不能干扰到我？

● 我是否愿意为这样的博客平台花钱？

全世界的关联型教师都会在个人博客上分享自己的职业实践经验，并且特别突出他们的学生和同事所做的大量工作。他们在博客上建立起分享经验、工具、建议的"清单"，这样其他的人通过仔细研究他们的经验就可以学到很多东西。还有一些人则通过分享他们犯过的错误或者体验过的失败来展示他们脆弱的一面。大多数教师都会花时间讲述自己的故事，或者庆贺以前的学生所取得的成就。

充满自豪地创建社区

尽管关联型教师的故事千差万别，但的确也存在着一个共同点，那就是他们中的每一个人在讲述自己学校的故事时都非常自豪。他们找到了发挥科技影响力的办法，并且将它以一种无缝衔接的形式纳入了学校社区当中，家长们不需要再成天地询问或疑虑他们的孩子在学校里干了些什么。关联型教师正在运用像微博这样的社交媒体以及其他通信平台推倒学校周围无形的壁垒，这样一来，家长和整个社区每天都可以及时获取学生在校生活的大量真实而生动的信息。不管是通过照片来展示学生和他的同学、教师在一个项目上协同工作的情景，还是通过一段视频来呈现学生如何骄傲地表达他们对学习的热情，各地的关联型教师都会优先强调那些发生在学校社区里最值得肯定的事情。

纽约长岛卡提亚哥小学的校长托尼·斯纳尼斯就是这样做的，他创建了自己的YouTube视频，以此来塑造学校的品牌，同时让他的学校和社区更加紧密地联系在一起。下面就是托尼通过分享他们学校的故事来讲述关于建立社区的重要性。

现在通过视频来讲述学校的故事和塑造学校的品牌的方式有很多。在卡提亚哥，我们一开始是通过更新每周的视频来做的。这些视频的内容是由我们从每个班挑选出来的六七名学生来观察他们自己所在年级发生的事情，然后通过摄像机记录下这些变化过程，来与大家进行分享。孩子们有两天的时间来考察他们所在年级发生的事情，然后参与我们的午餐会议，和我们一起制作视频。这些孩子都特别善长讲故事，甚至比那些亲身体验事件过程的学生，更擅长于口头分享学校里发生了什么事情——这就是孩子们令人惊叹的地方！这也是学生讲述故事的魅力所在！这些不断更新的视频虽然是以一种简要的新闻报道的形式出现的，但它能够帮助我们推倒校园四周的围墙，让社区直接进入学校，了解卡提亚哥的学习和教学。这些变化同时也改变了各种社区事务和活动的交流形式，因为家长们都很关心他们的孩子正在学校里做什么。这些报道使家长清楚地了解卡提亚哥学校是如何运作和教学的，我们的视频更新已经成为改变家校联系方式的重要契机。

这些年来，传统的教师或校长的日常职业生活，都被打上了与其他学校的教育工作者相互隔离、不善联络的标签，他们受限于自己的交际圈子，即使建立了网络也只是限于自己的同事、朋友、家庭、社区或者当地媒体。这就造成了学校里发生的故事总是经由别人的喉舌来讲述，外界误认为学校常常充满争端，总是把太多的时间和精力花费在抱怨学生的不良行为、缺乏家长参与、教育资源短缺、行政指令过多等。可悲的是，在这个信息交换的过程中，学校失去了作为主体的话语权，因为所有的旁观者都不仅仅只是听众或者读者，他们在这个信息交换的过程中会自然而然地附带上自己对学校的误解和不公正的判断。这些被涂上了主观色彩的信息，又会被他们传递给学校社区中的其他人，长此以往，类似于"学校管理混乱"、"学术水平糟糕"这些负面评论，就会极大地损害学校的声誉，并使这所学校背负上"表现较差"的压力。

事实上，培育一个学校的文化并不仅仅只要关注学生的学业成绩就可以了。目前我们手中有很多合适的工具可以使用，这些手段可以确保我们讲述学校和社区的故事时是真实客观的，而且都是聚焦于重点的。可见，我们分享信息的不同方式可能会对我们学校的文化氛围带来正面或者负面的影响。作为学生和学校故事的讲述者，了解自己的角色并且严肃认真地思考如何讲述和分享我们的故事是十分关键的，这个关键点就是我们在讲这些发生在学校及整个学校社区的故事时，一定要充满自豪！

5项行动措施

我们总结了5项行动措施，你可以借助这些建议来开始或继续成为一个关联型教师，以下就是针对如何全面理解沟通、合作和社区建设，我们建议你采取的5个步骤：

1. 创建一个学校的Facebook主页。一开始每天张贴三张照片，要求这些照片能够显示出你的学校的与众不同之处。

2. 开启一个学校的微博账户。将你的微博账户和Facebook主页链接起来，这样你的微博消息就可以自动地同步到你的Facebook主页当中。定一个目标，比如每天至少分享5条你的学校或者学校社区发生的事情的微博消息。

3. 创建一个学校的主题标签。要取得学生、教师和家长的支持和帮助，鼓励学校社区的成员们在他们的微博消息中都附带上这个主题标签，以此来突出你的学生或者学校。

4. 创建自己的博客。写下你的第一篇博客帖子，然后通过

Facebook或者微博将它分享到你的学校社区乃至整个世界。

5. 创建一个视频来重点宣传你的学生和你的学校，然后将它上传到YouTube上，将网址链接扩散到你的整个P^{2}LN网络上。

第 4 章

GIVE AND
TAKE ...
AND GIVE
SOME MORE

聪明地付出，
绝佳的收获

关联型教师总是乐于付出，这种付出不仅包括他们平常在自己的日常工作中的努力和付出，更包括他们对学生和家长以及同事的支持和付出。通常他们在学校忙碌了一天之后，回到家中还要通过自己的 P^2LN 学习网络来为向他们提问的学生、家长和同事提供专业的回答；他们可能还要参加一系列的在线学习，还要与全世界的其他同行们进行视频通话；在周末，还要和学习网络的同行碰头，分享一下彼此的思路和观点。一个关联型教师的这种付出是相当耗费时间和精力的，但它却是值得的。虽然这种付出有时候会让人觉得很疲惫，而且我们也需要铭记生活中平衡的重要性，包括每天保证充足的睡眠时间。但是，关联型教师为什么乐此不疲呢？那是因为他们知道自己不仅是在为学校做贡献，而且也在为整个教育领域做贡献。

尽管关联型教师在付出时通常不计得失，但是他们同样对"获得"感兴趣。虽然上面的论述意在讽刺那些只知道站在自己的立场上"获取"的人，同样，我们也不吝颂扬那些无私付出者的美德。但其实"吃饭"和"睡觉"是同等重要的，因此关联型教师同样乐于向别人学习，这和他们乐于传授给别人经验是一样的。关联型教师致力于一个永不结束的循环圈，这个圈子就是"给予别人"（不管是通过分享一个资源链接，还是倾听一位同行难解的困惑）——"从别人那儿获得回报"（不管是通过从P^{2}LN的某位成员那儿学习并尝试一个方法，还是通过微博就一个疑难问题发送求助的需求）——"给予别人更多"，即重新以相同形式再次开始这个循环过程。关联型教师拥有一种"提前预付"的达观，由此他们就会被"给予支持"和"接受帮助"两种积极心态同时驱动，进而让自己充满活力。如果接受了帮助，他们就会更容易变成热心于回报和帮助他人的人。在某种程度上，他们会在这个循环过程中变得越来越出色，因此我们可以大胆地推测，通常进入教育这个行当的人们本身都拥有一种"付出"的天性，同样，进入这个行当也需要得到部分的回报，这也是我们之所以热爱我们这个职业的原因。关联型教师看上去更明显地拥有这样的特质：他们从职业联系中获取的越多，他们越愿意更多地付出——并且他们越希望通过一个类似P^{2}LN的网络，把自己的同事和那些同样需要支持的人们联系起来。他们这样做，既没有考虑职位的升迁，也没有在意地理位置的远近，更没有因为超出了自己的能力范围去学习和成长。

提升人气、拓展思维的制胜法宝

关联型教师的付出形式之一就是推动周围的人建立自己的学习

网络，增加他们通过网络开拓思路、获得灵感的机会。这些促进行为看起来微不足道，但发挥的作用是巨大的。他们通过促进他人成为关联型教师，来帮助他人获得职业生涯的提升，同时他们自己也会因此而被认为是一名出色的关联型教师。我们认识的一些最乐于付出的教师，通常在全世界都被公认为是这样的关联型人才。事情并不复杂，他们只是通过在微博上关注别人或是加入别人的学习网络就可以促进他人的进步。对每一个教育工作者来说，从刚开始联络教育领域的专家，到逐渐发现这样做的价值并坚持去做这件事，最终都会成为一个充满激情的"关联者"。其实一开始，总会有数以百计的人热情洋溢地投入其中，但往往在中途就会有人因为这样那样的原因丧失了最初的兴趣。我们能够采取的措施之一就是关心那些刚刚涉足关联领域尚在深度潜水的人，一旦我们确定他们刚刚开始涉足学习网络，就要在微博或其他的媒体上对他们进行追踪，增加与其交流的机会以促进他们的成长。

一个关联型教师最常采用的起步举措就是通过微博来建立一个学习网络，对于很多通过这种方式起步的人来说，这办法是既花时间又花精力的，毕竟建立这样一个网络并从中有所收获是一件辛苦的工作。尽管通过微博加入一个教育类社区的目的并不是为了吸引粉丝，但是我们同样可以肯定，如果一名教师或者一位校长在微博上缺乏追随者，他们很快就会丧失继续交流的兴趣。我们发现，对很多建立并使用学习网络的教师来说，关注者的数量存在着一个"临界点"——不仅对于那些刚开始使用微博作为个性化学习工具的人们，还是对于那些坚持使用微博的人们来说，这个临界点都差不多，就是关注者的数量在100人左右。一旦达到了这个数字，那么机会就会纷至沓来，你将会逐渐尝到通过这种方式交流而被大家认可后的各种甜头。遗憾的是，很多教育工作者在关注者达到这个数量之前就已经放弃了，他们在为微博上寥寥无几的交流垂头丧气。其实关联型教师都明白，建立一个学习网络是一项艰巨的任务，除非你能确认自己正在关注的人也会回过头来关注你。因此，关联型教师会更倾向于关注那些关注过他们的人，特别是当他们了解到那些新的加入者刚刚开始建立网络，并渴望通过努力能与别人交流沟通的时候。

关联型教师通过分享自己在学习网络中获得的知识，同样可以帮助别人——包括提升他们的思维水平。当他们看到学习网络中的某个人分享了一个在某方面可能对其他教师有所帮助的好观点时，他们会尽可能地把这个好观点传播出去。通常当他们注意到学习网络中的成员有这样的好主意时，就会用发送链接这种简易的方式来扩散消息，一个微博消息可以传递多远、多广、多快是我们难以想象的。举个例子，如果我们通过学习网络从别人那里得到了一个好主意，然后我们把它推送出去，那么很有可能最终会有数万名教师看到这个好主意，并将它运用于教育教学过程中。关联型教师已经认识到提升人的思维水平的重要性，并把它作为自己职业生涯回报的一种途径。

积极回应他人的请求

对我们每个人来说，每天都只有24小时，每小时都只有60分钟，每分钟都只有60秒。因此，这些教师并不是"找"时间来付出（因为对他们来说，一天的24小时中压根儿没有额外的时间来做"找"这件事情），而是通过"挤"时间来付出。一种容易被忽视却很重要的办法就是只要别人向他们提出问题，或者恳请帮助时，无论何时他们都会做出回应。

显然，对我们所有人来说，都存在着一个可用时间的上限，而且日常的教学、管理、社交、竞争等都需要花费时间。有可能结果会是，我们仅仅只能给予对方一个简要的回复——告诉别人我们暂时帮不上忙，或者对这一特定的主题还没有马上形成思路。但尽管如此，花时间来进行回应的功效仍然是真实存在的，而且它的确对于一个伸手求助的人是非常重要的。当然，关联型教师经常会以提供某类支持的形式来进行回应：直接回答一个问题，发送一个他们认为可能会对咨询者有所帮助的资源链接，向他们介绍自己在P^{2}LN网络上结识的、被认为是特定领域专家的人，甚至有时候他们会直接拿起电话打给提问者，就这些问题开始一次私人交谈。尽管关联型教师乐于助人，但他们仍需要首先判定这些问题是否与自己的学科专业和研究方向有关，然后再决定是否做出回应。不管最终能否给予帮助，他们都会在第一时间直接、快速地做出回复。

因为关联型教师通常都拥有大批的追随者，所以他们往往被认为是专家——至少是在教育领域中某些方面的专家，其他的教师经常习惯于向他们求助或者寻求意见。教师咨询意见的方式是多种多样的，可以通过电子邮件、电话、微博上的直接留言，也可以通过评论一个公开的博客帖子。无论哪种方式，关联型教师都会做出回应，他们不仅对其他人的需求有着敏锐的理解，而且积极地与他们互动。这种通过与学习网络中的其他成员相互联系而去"付出与获取"的本质，是他们成功的最主要组成部分。当遇到教育行业新手时，对他们做出直接而迅速的回复是特别重要的。尽管从根本上说与其他人联络的根本目标是让自己更加优秀，但同时也可以帮助别人变得更加优秀。如果我们在别人请求帮助的时候回应了他，我们就是在与这个正努力突破自己的人产生心灵上的碰撞，这也同样会促使他继续寻找学习、成长和联络新机遇的各种机会。当别人有求于他们的时候，关联型教师正是通过持续不断的积极回复，让这个世界悄悄地朝着好的趋势演变。

增强彼此之间的联系

关联型教育工作者付出和获取的一个重要途径就是将他们自己

网络里面的成员都相互联系起来，这样就可以在这个过程中扩展自己的知识基础和支持系统。很多时候，当关联型教师被问到一个问题时，他们可能还没有找到最佳的答案，这时关联型教师就会在他的学习网络中寻找其他专家，那个人也许可以对这个问题提供更好的解答或者更有力的支持。

关联型教师会挤出时间、想方设法将自己学习网络中的同行相互联系起来，这么做会使大家都从中受益。当然通常情况下，这些只是通过一个电话或一封邮件就可以解决的简单事情，比如，向他人寻求援助，或者建议他人联络网络中被公认具有某方面特长的教师。其他时候，教师会首先在力所能及的情况下努力帮助他人，然后了解这些帮助是否满足了提问者的需求。无论采取何种方式，关联型教师都很清楚：两个人肯定比一个人聪明，两千个人肯定比两百个人厉害得多。就像我们前面谈到的那样，在任何一个课题上，没有哪个人可以掌握全部的信息。不要满足于我们自己所精通的那些研究领域，要相信大家的交流肯定可以让你了解更多的知识。令人高兴的是，确实有成千上万的教师已经做好了准备，一旦有人寻求帮助，他们就会迅速地、毫无保留地贡献出自己的专业知识。

我们曾经提到过，关联型教师有很多办法可以把学习网络上的同行相互联系起来，目前，已有很多人通过他们的微博来这么做。将全世界的教育工作者联系起来的潜在能量会有多大？以我们学习网络中的三位成员为例：埃里克·赛宁格到目前已经拥有了超过

64000名的微博追随者；汤姆·惠特比，另一位闻名世界的教育工作者，到目前已经拥有超过49000名追随者；乔治·库洛斯，一位备受推崇的加拿大教育领袖，在他自己的学习网络中的追随者达到了55000人。当然在他们的网络中肯定会有重复的成员，但是保守地估计，这三位教育工作者随时都能够联系上将近10万名全球的教育工作者。在堪萨斯州的一位五年级教师，可能现在正在寻找关于学生差异化教学方面的信息，她可以利用学校中所有适合的资源，包括求助于学校里同事的专业知识。不过与此同时，她也可以通过微博发送一个寻求支援的消息，请求诸如埃里克、汤姆和乔治这样的同行帮助转发。在数小时甚至几分钟之内，她的这条求援信息就很可能被全球数千名思维缜密的教育工作者看到，其中的很多人会立刻伸出援手。

很多关联型教师在"付出"的过程中，习惯采用的一种简便方法是直接推荐需要援助的教师去联络另一位他们认为可以提供支援、建议或者所需资源的教师。一旦教师因为和其他人开始联系而有所收获，这就会变成一个永无休止的循环，而且这个循环会作为一种简便实用的成长途径无限传递下去！

付出的同时也会有收获

在杰夫开始教师生涯三个年头后，他被学校从一年级抽调出来，直接委派到该校的四年级授课。由于第一次教授一个全新的年级，杰夫向一位四年级组的老教师同时也是这个年级组的组长求助，询问能否借阅她的备课本，这样他对熟悉新年级的课程内容和制订自己的教学计划就可以做到心中有数了。但令杰夫感到吃惊的是，这位年级组长竟然略带愠色地拒绝了他的要求，并且告诉他要靠自己来准备课程计划。当然，时间能够改变一切，退回到当初，大家都习惯于把自己的思路和资源收藏起来，甚至对自己的好友和同事也不愿意分享，而在现在的学校里，我们相信同事都会乐于分享他们的备课本和其他任何他们可以搜集到的资源，用它们来帮助一个需要帮助的同事。平心而论，对杰夫的那个同事来说，就算她真的把备课本借给杰夫，杰夫也只会参考，不可能将里面的内容全部据为己有。与我们认识的很多关联型教师一样，我们大力提倡积极地与向我们寻求帮助的同行分享知识和经验。

事实上，关联型教师正在使自己成为一个真正懂得付出的人，他们看起来无时无刻不在竭尽所能地回馈他们的教育团队。当然，关联型教师同时也不会反对"获取"，并且总是能够在不知不觉中，在做他们所热衷的事情时，通过新的或者更好的方式"获取"到更多知识。需要说明的是：我们所认识的关联型教师中，没有人是仅凭自私就能到任何地方去"获取"别人的思路，有些人不仅丝毫不给予回报，甚至还到处声张这些思路和观点属于自己，这样的人，至少我们不会认为他是一个成功的关联型教师。事实上，在我们的经验当中，没有任何东西可以超越真理的范畴。不过，就像真正的付出型教育工作者在分享自己的观点时会兴高采烈一样，当看到这些观点和思路在世界上别的学校和教室生根发芽时，他们同样会非常开心。他们同样也会因为从P^2LN网络中的同行那儿成功地"获取"了一个思路，并将这个思路付诸实践而感到兴奋。当我们刚开始自己的教师生涯时，并不是每个人都能够从同事那儿"获取"到自己所需要的东西。也许某一天我需要更多的紫色绘图纸，而下一周我则需要建立一个工作表，用来配合我正在讲解的一篇小说的开头，再往后，为了开始新的单元，我又可能需要在教室的图书角再增加几本关于地球的书籍……这些时候，和其他的教师展开交流的机会其实是很受限制的。首先，它的开始和终止都是发生在学校的围墙之内，其次，"借取"的东西都是一些物质材料，这就造成了我们鲜有机会与同事进行合作性质的交流，而这样的交流恰恰可以交换大家彼此的观点，促使孩子们更加投入到我们同时教授的某个主题、某个单元或者某个项目中去。"借取"的最后结果就是，无论我们什么时候"借取"了什么东西，都会变成一桩"交易"：我们使用了别人的某些物品，作为回报，我们也该心甘情愿让别人使用我们的物品。在今天的世界当中，我们可以从一位同事那儿得到他馈赠的礼物，不管他是需要穿过一个房间还是穿越整个世界，只要他真心想给予，就不存在地域上的局限。我们要向这样的同事表达感谢之情，不仅包括收下他的礼物或者按说明书正确使用，而且是要收下它、使用它、增强它的功能并且让它不断更新，然后再分享给其他人。我们不能只是简单的"借取"，我们要在"据为己有"之后，不断往里充实新的想法，再将它们"给予"出去。

关联型教师始终在积极地寻找各种机会努力付出，此外，他们也很善于在任何时间和地点获取那些能够帮助他们把工作做得更好的思路、观点和方法。他们会不停地充实"魔法袋"里的内容，以便今后在需要的时候，随时可以和其他教师分享。当他们从别人那里获得思路之时，就超越了单纯的"付出—获取"的交易方式，这将逐渐成为一种持续不断的合作共赢的行为过程。通过这样的过程，最初的观点会在往复交流的过程中一次次地得到改进——不仅对于最初的付出者和获取者来说如此，对于在网络上共同分享某一观点的全体学习者也同样如此。

不断寻找新的进步途径

关联型教师对自己所服务的组织是非常忠诚的，总是一门心思地想让他们的学校尽可能地获得成功。他们会时时刻刻把他们的班级、学校和学区挂在心上，不停地问自己："我要怎样才能帮助它们（班级、学校、学区）比现在做得更好呢？"他们的着眼点会落回到自己的学校当中，他们很清楚那些最好的主意往往来自自己的组织，而且也很清楚那些正在进行的系统化的学校改良运动，其推动力必须而且最终必将来自自己的组织系统。

与此同时，关联型教师也意识到，为了捕捉到其他人的好主意或者了解世界上其他的好学校如何运转，最重要的就是要放眼于自己的教室、学校和学区的围墙之外。在当今这样的关联型时代，信息就在我们的指尖流转，非常容易快速获取，比如查询我们正酝酿在学校中完成的某项改革是否已经在其他地方实践过了。这就是我们一再提倡的，一开始要立足于自己的组织，之后则要放眼于组织之外。其他的一些情况，我们则建议先在外部多多观察，之后再在组织内部进行实践。如果我们要改进现有的某项措施，一开始当然需要在组织内部开始工作，但也要打开眼界。举一个例子，如果我们现在正在审查年度数据，那么通常都是由学校内部已经建立起来的专业部门开始这项工作，采用各种方法进行数据分析，发现学校发展中值得肯定的地方，也要关注学校未来发展的方向，还要制订一个行动计划来提升学校下一年度的绩效。提高学生的学业成绩也必须从内部开始，同时仍需要一直关注外界的变化，以此来发现其他学校在哪些方面获得了成功，以及一旦有可能就学习他们的成功经验。

另外，当我们的学校或学区决定开始采用全新的方式做某些事情的时候，通常要先研究其他的组织所取得的实践经验，之后再从内部开始构建。关联型教师更希望自己的视野不局限在自己的班级、学校和学区中，他们自然会很乐意这样做。在今天不断变化的教育环境中，那些有待实践论证的新观点的数量是非常可观的。比如，很多学校承诺要为每一个学生都提供一套某种类型的学习装备，以达到提高教学水平和学习水平的目的；还有一些学区则略有不同，他们实行的是"自己携带设备"的策略，允许学生各自从家里带着自己的设备来学校辅助学习；很多教师当前正在尝试一些新的教学思路，比如"翻转课堂"、"天才时刻"或"神秘的Skype之旅"等，这不过仅仅是举几个例子而已。在第一次开始着手一项全新的工作时，关联型教师尤其清楚：如果他们在组织以外首先看到的是这项工作在别的地方已经有了实际的应用，并且能够看到它们是如何运转的，那么他们已经为自己在长时间内获得成功赢得了先机。不管我们是在计划完成学区范围内的学习环境营建，还是将"天才时刻"纳入到我们五年级的一个班级教学中，一定要选择一个已经获得过成功的范例作为参考。来自全球的关联型教师在工作中都会考虑到彼此的位置，一些人所在的学区尚在琢磨如何从最初的阶段开始，而另一些人所在的学区这些初始的想法早已生根发芽。刚刚开始的那些人永远也不要畏怯从外界寻求帮助，而那些已有成功经验的人也永远不要错过与大家分享的机会。

　　关联型教师很清楚自己必须要一直保持成长和进步，他们也知道在自己的学区里，不管自己或者别人的知识有多么渊博，也不可能掌握所有问题的答案。因此，他们总是不断地放眼于自己的组织以外，去寻找新的途径来促使自己进步。

做一个付出型教育者

关联型教育者热衷于付出和获取，尽管他们在付出和获取这两个方面会稍稍倾向于"付出"，不过当他们从自己的学习网络上获得了好的思路之时，同样也会乐于享受自己的教学和领导力"知识库"的库存增长所带来的种种好处！

加兰特开发了有关付出和获取方面的课题，研究那些非常成功的人士，同时测定他们付出和获取的程度，他发现除了辛勤工作、天赋和运气之外，成功人士同样也在努力地与周围保持联系。加兰特发现，很少有人是纯粹的付出者或者获取者，人们往往根据自己所面临的状况从一个角色转化到另一个角色。不仅如此，他还发现存在着第三种角色，他将其定名为"匹配者"，用来定义那些帮助别人同时期待有互惠回报的人。尽管加兰特发现扮演付出者、获取者或者匹配者之间的界限并不明朗——他建议当我们从一种状态或关系转变为另一种的时候，本身的角色模式也要进行转移。在我们与来自全球的关联型教师互动和共同工作的实际体验中，我们发现，就算是付出最多的那部分教师同样也是在三种角色之中进行转换，在某些特定的情况下，他们也会扮演获取者或者匹配者的角色。我们也很愿意断言：对于大多数人来说，社会的首要互动方式是要成为一个付出者！

有人会对"付出"比较敏感，但你应该知道付出者其实仍位于成功阶梯的顶端。在加兰特的研究当中，给人们展示了三种角色都可以获得成功的事例，但付出者的表现通常会呈现出最优和最差的两极分化，获取者和匹配者则大多表现平均。对比获取者和匹配者的成功，当付出者成功的时候，它更有可能造成一种"瀑布式"或"涟漪式"的影响，他们的成功可以迅速地扩散到别人那儿，他们可以通过自己的付出提升别人的生活。关联型教师就像加兰特所描述的给予者一样：他们获得了自我成功，并且在教育社团当中创造出一种"涟漪式"的影响，赋予别人迈向成功的力量。

加兰特将付出者的长期成功归因于两种力量：关系与动机。付出者和其他人之间锻造出强有力的友谊，建立了更深更广的联系，帮助他人的同时，也能明确自己的生活目标和生活方向。超越关系和动机之外，加兰特发现终身学习是付出者能够通过帮助别人而最终明显受益的第三种因素。在帮助别人的过程中，付出者也在不断地学习。如果有人正寻求他的支援，而他那时也许所知不多，这样就会促使他们在回复或反馈之前，针对这个问题做更多的学习研究。通过这种方式，作为付出方的关联型教育工作者可以自由地学习到很多东西，这又让他们变得比之前更博学，知识储备也更多，相应地，今后能够给予别人的知识和信息也就更多——也就是说，在这个过程中，他们自身也获得了巨大进步。

从本质上来说，教育就是一项付出型的工作，我们进入这个行当是为了帮助别人，尤其是我们的学生。关联型教师将这种付出提升到了更高的水准，即在工作的同时要有意识地去给予别人——不仅仅只针对于学生，还包括他们遇到的每一位同事。关联型教师同样也一直在四处寻觅他们可以"借取"或"获取"的好思路和好资源，他们积极地回应那些在他们的学习网络中寻求支持的人，使自己的学习网络一直保持不断增长，这样他们就可以接触到更多的人、更多的思路和更多的资源，在他们把这些观点和信息"给予"出去的过程中，自己也同时"获取"到更多。

5项行动措施

我们总结了5项行动措施，你可以借助这些建议来开始或继续成为一个关联型教师。

1. 先考虑你自己在教育界中扮演的角色，确定一个你当前面临的最需要得到帮助的问题。请求你所在的学校或学区内的3位同事，一旦他们有什么好的主意就马上提供给你，同时，通过微博发出一个求助请求，寻求在线的P²LN伙伴给予你帮助，并请他们将你的求助信息转发到他们自己的P²LN网络中。

2. 在一周内保持每天发送3条微博信息，每天针对同一主题分享3个资源。比如，星期一，发送3条对数学教师教学有用的资源链接，而在另外一天，则可以发送3条有助于教师磨砺他们的教学技巧的资源链接。

3. 邀请一位搭档来观察你的实际行动。如果你是一位教师，请一位同事来观摩你的一节课并让他做出反馈。如果你是一位校长，可以请一位来自其他学区的校长来旁听你们的教职工会议，同时请他提出反馈意见。虽然你可以通过你邀请的人接收到大量的反馈信息，但别忘了你同样也应该给予你邀请的人更多的新思路。

4. 抽时间去拜访一所学校或者一个班级，当然首先是你已经了解到它们在某个领域获得了成功，而你恰恰想要在这个领域得到发展。如果你是一位学校或学区的领导人，可以邀请一个团队和你一起去拜访。如果你是一名教师，你发现附近学校有一位教师正在教室中做着一些你想要学习和了解的事情，如果你想花一整天去拜访她的班级，那么你可以邀请校长与你一同前往，这样就可以将你的所见所闻与全校同事进行分享。

5. 寻找5件发生在你的班级、学校或学区里做得比较好的事情，帮助学生或同事进一步提升他们的表现。采取不同的途径来分享这5件事情带来的收获：通过微博向外推送，利用博客宣传，在年级、教职工或者学区会议上对他们进行重点表扬。

第 5 章

STRIVE TO BE
TOMORROW ...
TODAY

珍惜当下，
努力奋斗

成功只是一颗平常心而已，因为这一切均是你通过自身的努力在能力范围内做到了最好之后，直接感受到的一种自我满足。

——约翰·伍登

戴夫·伯格斯在他的畅销书《教学需要打破常规》中分享了前达拉斯牛仔队教练吉米·约翰逊的一句名言："你想要安全和凑合，还是愿意为杰出放手一搏？"或许我们还可以提出一些更好的问题：你会允许谁来帮助你变得更加优秀？在你让自己变得优秀的过程中你做了些什么？在你周围是不是有很多杰出的人物？如果承认你明天要比今天学到更多或者明天要比今天更加优秀，那么你会不会担心别人怎么看你？

在把教育作为毕生事业之时，我们就一直在鼓励学生相信：自己无论在心中设定了什么样的成功目标，只要付出自身的努力就一定可以达到。但是，我们自己是否花费了时间来做一些为了使自己变得更加优秀而必须要做的事情呢？一些教师可能习惯于把自己定位于"平均水准"，就像他们潜意识的观念是他们配不上杰出这样的字眼一样。好吧，在这里我们必须告诉你，你是配得上它的！如果你准备成为一个杰出的人，同时也鼓励你的学生和其他人成为杰出的人，那么你就必须作做出表率，这样才能推动你超越现状，努力达到优异。

以我们的经验，关联型教师都拥有想要变得更好的驱动力和渴望，同时也拥有一个他们可以改变世界的坚定信念。他们努力地寻找与外界联系的机会，在他们的周围都是那些可以使他们努力奋进的教师，这就促使他们时不时地停下来反省自己在个人和专业方面的实际工作，并以此促使他们不断地迈向杰出！

关联型教育者承认自身的弱点，在学习中他们会主动地走出自己的"舒适区"，只为接受来自他们学区乃至全球专业团体的更广阔更深远的影响。他们从不满足于现状，也绝不拘泥于那些会对他们自己以及学校未来发展造成限制的因素，他们分秒必争地促使自己积极地加入到那些可能是未来热点的教育领域中去。作为一名关联型教育者，他们本身就是领袖——无论他们领导的是一间教室还是一个行政办公室。作为一个领袖的基本素质之一就是：必须站在变革的最前沿，始终相信自己的明天可以变得更好，忘掉自己的过去和现在曾经多么辉煌。关联型教育者致力于从今天就开始，为了明天而奋斗！

从积极的话语中寻找正能量

很多关联型教师都发现他们的声音对那些和他们联络的人来说，起到了颠覆固有观念的作用，他们的话语也在很多时候会激发出学生和其他教师的自信，他们相信自己拥有改变世界的能力，他们不害怕承担风险，也无惧让自己面对外界，特别是当这样做有可能为更多的学生、同事和学区带来更深刻的变革机遇的时候，他们更是义无反顾。很多来自各地的关联型教师相信，一旦他们及时行动，就有能力改变任何一所学校的教师团队的教育前景。他们是和你我一样的人，唯一的不同只是他们不惧风险，宁愿冲锋在前也不愿尾随于后。每一位这样的教师都有一个明晰而坚定的目标，他们想要在自己所生活的这个世界上留下印迹，他们是充满激情的个体，立志于用自己的声音和能量让这些变化所造成的影响更加深远、更加开阔。

关联型教师让自己的声音富有激情和感召力的途径之一就是到社会各行各业中搜寻充满正能量的观点。这些教师并不只是在教育方面保持与时俱进，他们通过理解各行业的顶尖专家在想什么、说什么和做什么来保持自己的先进思想。有一种既有效又实用的工具能够保证我们始终把握时代的脉搏，这种工具就是TED视频。TED大约在30年前诞生于加利福利亚州的一次为期四天的会议上，伴随着改变世界的初始想法而成长，每年的TED年会都会邀请世界上顶尖的思想者和实践者，他们在会议上进行各种主题的演说。许多演说最后都会在TED网站上被制作为免费的视频，这就是如何运用语言的魔力去影响全球教师的范例。现在这样的视频经常被当作一种示范在全国各地的教师会议上播放，因为演讲者在各种主题上都充分展示了丰富的经验，并传递出鼓舞人心的信息。这是一种可以让教师将自己的观点与素未谋面的人关联起来的方法，教师通过不断地学习网站上分享的视频，并将其中意义非凡的部分通过自己的学习网络分享出去，就可以将知识通过P^{2}LN与其他人联系起来。在许多方面，TED上有数以百计的视频都非常适合教师，我们强烈地建议你将喜欢的TED视频放在自己的P^{2}LN网络上与同行进行分享。

关联型教师的魅力在于他们都是被学习网络中的成员认为是目前最有影响力的人物，他们大多具备长远的眼光来确定成功的方向，而且能够通过有目的的工作来努力实现它。他们意志坚定，无论什么时候产生了自我怀疑的念头，都会在第一时间抛弃它，他们坚持不懈，一直致力于让自己和学生的生活变得与众不同。他们并非只是想为那些好的变化提供便利，还相信自己可以亲自做出改变。虽然他们很清醒自己不是注定就会成为伟大的人，但他们也不会让面前的障碍阻挡自己迈向成功和伟大的脚步，他们期望自己设定的目标可以实现。关联型教师从来不会惧怕在公共场合分享他们的想法，不管是通过微博、图书、日记、网站或者面对面的方式，只要有机会让他们站在一个会议的听众面前或者在某个小组中表达自己的观点，他们都会侃侃而谈、直言不讳，积极地应对各种问题和挑战。

每天都做最好的自己

众所皆知，为了周全地计划并过好明天，一个人必须把今天过得很充实，为了明天的成功而努力很大程度上就是让今天过得更有意义，要把工作重点放在"现在究竟应该做些什么才能使自己变得更加出色"上。关联型教师知道他们必须充分利用好每一天，同时采取最好的工作策略以达到"十天就是实打实的十天"的效果。如果你做出了选择，那么其实每一天都可以是伟大的一天。在日常生活中，你没有必要也没有能力去掌控你遇到的每件事情，但你可以控制它们对你的思想观念和行为举止的影响。是否每天都要努力变得伟大，这是你自己的决定，与旁人无关。做出选择吧！你可能对下面这句话已经听过上千次了：态度决定一切。你应该把这简单的六个字作为你每天行事的提示语。每一天，都有来自全球的教师通过微博、网络论坛以及其他途径，与其他刚开始决定或早已致力于提升自己的教师交流互动，彼此激励。当教师花时间通过个性化和专业化的方式来联络和支持他人的时候，他们也在不断地反省自己的工作，不断地深究自己的思想、行为以及他们平常在学校中与别人交流互动的期望值，这将使他们从个人原有的水平上得到不断提升，最后沉淀下来的都是自己的独到见解，这才是他们不断完善自己的目的所在。

在教育领域，你经常会听到一个词语"最佳实践"。通常，我们在引用某个研究结论的时候，当其中显示出可以施行的某种实践或者可以采取的某些步骤，而这些实践和步骤对我们改进教学或提高学生成绩有效的话，我们就会援引"最佳实践"这个词语。尽管关心学生学业成绩是工作中最核心和最关键的部分，不过我们还是会对其他一些体验表示出更大的热情，那就是每天都能让自己更加出色的"实践"。关联型教师拥有与全球不同角色的最伟大教师沟通交流的丰富经验，在"最佳实践能促使自己成为最佳"的意识引导下，他们能够表现得与众不同：

● 无论自己身体、心理和情绪状态如何，他们每天都会以最积极的面貌出现在学校和教室里，他们会珍惜每天给孩子们带来正面影响的每一个机会。

● 他们每天都有意识地努力与学生、同事进行接触，尽可能地使用一些简短的词语或便条，他们很清楚即使是一个微不足道的柔和表情也可以让他们所接触到的人感受完全不同。

● 他们富于同情心，在理解、分享方面舍得花费时间，对于其他人的感受很敏感，这些都有助于营造一种相互信任的氛围。他们认识到在某些时候，学生和同事都难免会遭遇到个人生活和学习的挑战，对此他们感同身受。

● 他们珍惜失败和错误，如同珍惜学习机会那样。一旦发现自己犯了错误，他们会立即道歉、承担责任、及时弥补并且确保错误不再重演。如果失败，他们也会不断反省，总结经验教训，将其视为未来的尝试过程中必要的准备。

● 他们是宽容的典范——严肃地接受道歉后依然会继续向前，他们相信绝大多数人的本意都是好的。

● 在和学生一起学习的时候，他们非常清楚，很多时候教师并不能看到直接成果，因此他们颇具耐心并且思虑长远，从不依照个人的主观臆断来处理事情。他们也非常清楚，学生现在面对的困惑和煎熬，自己也曾痛苦地经历过——直到有一位特别的教师及时出现，而现在，他们也要扮演这样的角色。

● 他们每天对学生都有很高的要求，从不以社会经济地位或环境来决定自己与学生的亲疏，或给学生找借口。他们相信所有的孩子在任何时候都是非常重要的，他们热爱学生就像自己的孩子一样。

● 他们承认并理解学生会有不合适的行为，他们知道如果不那么做的话，就是在传达"行为不当的学生不值得教师花费时间教育"的信息。他们心里很清楚，如果在纠正不当行为的过程中犹犹豫豫，那么他们就会变成问题的一部分。

● 他们每天都带来满满的正能量，他们知道消极地谈论学生、同事或者工作环境等，并不能提供任何有实际意义的解决方案，与其抱怨，不如多做一些实事去影响和改变所处的环境以及其中的人。

● 他们始终保持着微笑和开心，并以此来让其他人感受到快乐。

很多人选择教师作为自己的职业，原因都是希望自己能够与众不同，但是当他们前行到某处时，可能会开始反问自己，是否真的值得付出努力和承受压力？某些偶然的情况下，关联型教师甚至会开始觉得他和学校的同事格格不入。当那些教师满怀回报他人的激情，正努力地在所从事的事业中追求卓越的时候，却开始遭受到来自外界的对抗性反应。在很多实例当中，那些下定决心与学校外的世界建立联系，以使自己能够尽可能出类拔萃的教师，通常会被贴上妄尊自大、特立独行的标签，或者被别人视为团队中爱出风头的人。当他们使用P²LN网络来完成一些工作时，周围的同事就会发出一种"怪腔怪调"，甚至对他们的微博好友评头论足。最近，一位受人尊敬的关联型教师出席了一个国家级的会议，这位教师被其他关联型教师视为导师，她提供了大量可供参会成员学习并带回去应用于各自学校的优秀案例。不过有趣的事情是，没有任何一个来自她所在学校的人，在会议之后浏览过这些信息或者请她在自己的学区内与其他的教师分享她的专业知识——尽管她激励和鼓舞着来自全国各地与她素不相识的众多教师。这位教师拥有着令人难以置信的教学技巧，为她的P²LN网络和非P²LN网络中的教师所珍视、景仰及崇敬，但却仍然无法避免在自己的学校里被同事轻视和刁难。关联型教师就在类似这样的困难时期，依靠他们的P²LN网络克服重重阻碍。一旦你下决心去探索工作地或者学校社区之外的世界，去学习和成长，就可能会让你的一些同事产生妒忌和憎恶的情绪。当你在面对这些负面冲击时，可以参考苏·恩奎斯特教练的四点建议。恩奎斯特教练曾经说过："个人的优异源于每天的积累。"她提醒我们，每一天都可能成为伟大的一天，你如何做完全取决于你自己，下面是她提出的四点建议。

1. **33%法则**。在你的交际圈中，总有三分之一的人不太愿意真心庆祝你的成功，在很多情况下，他们总是用负面情绪去影响那些努力想让自己更加出色的人，所以，要让你自己身边环绕着优秀的人，这样才能维护你的杰出。

2. **不要让任何人带走你的优点**。作为一个关联型教师，这一点可能是我们在日常生活中面临的最为困难的挑战。我们的社会充满了庸庸碌碌之辈，周围有太多的人每天都在虚度光阴，他们想当然地认为明天的成功会不期而遇。实际上，追求成功需要强烈的意愿和勇气作为保证。要随时把自己的优异带在身上，不要让任何人绑架你的优点！记住：优秀不是通过向平庸者妥协而获得的！

3. **接受失败，尽快复原**。我们自身的态度决定了我们要用多长时间才能从失败中恢复过来。来自你心底的声音在跟你说些什么？它是不是在哀怨地诉说有些事情不公平？它是不是在沮丧地谴责你什么事也做不成？实际上，我们每天都会遭受各种各样的挫败，但挫败不可能彻底否定我们的追求，尤其是当我们渴望杰出的时候。

4. **个人董事会**。问问自己，谁会成为你个人董事会中的一员？这些人是否帮助你取得了成功？他们提升了你的生活目标吗？你会邀请哪些人进入董事会？你所邀请的人是否有权处理你留下的遗产？当与同事相处时，要确保你周围都是希望让自己和你都做到最好的人，这一点至关重要。

当今社会，我们在学校中会碰到类似本章描述的各种各样的挑战，这再平常不过了。但是只要一想到通过自己的努力可以帮助别人，我们的内心就会充满渴望，一定要把自己最好的一面展现给大家。我们必须开始认识到，**无论成功抑或失败，都不可能就此对我们"盖棺定论"！更准确地说，这是我们做出的选择，也是我们对这些"定论"做出的回应。**如何做出回应，至始至终都取决于我们自己。因此，当下一次别人询问你是否想要在事业上追求极致的时候，你应该如何回答？不管你怎么决定，你的答复就是一个实际标尺，衡量你所能达到的优异水平。关联型教师会调动内心的力量，携手志同道合的朋友，确保彼此的每一天都呈现出最好的自己。

努力去产生更大的影响力

在得克萨斯州圣安东尼奥市举办的国际社团教育科技大会上，亚当·贝洛担任大会的主题发言人，他演讲的题目是"我们邀请你来改变世界"。在演讲中，亚当谈到了他发起的名为"改变世界"的慈善活动：在这个活动的宣传视频中允许观众在网站上点击一个便士的图案，作为回报，亚当和他的妻子针对每一次点击将会捐出一便士，而剩余的捐赠则通过"社会公众募捐"的方式来完成。通过这样的方式募集到的钱款，将被捐献给一个由捐献者们投票选举出来的知名慈善机构，让它致力于改变这个世界。这里亚当要和大家分享的当然不是如何募集捐款，而是诸如"积少成多"、"滴水穿石"的道理。从我们与全球关联型教师联系的经验来看，最起码大家都相信团结起来就可以改变这个世界——每一次的一条微博消息、一篇博文、一次贡献都不可或缺。花费时间来挖掘资源、精心思考、分享知识，以及最重要的——付出行动，这些都是我们观察到的关联型教师日常所做的平凡小事，这些小事已经成为他们为自己、学生、同事及其他教师创造改变生活的重大机遇的一部分了。有些教师彼此素昧平生，但是同样可以共守契约，仿佛他们自孩提时代就开始了牢固友谊一般。对于周围都是一些充满激情甚至比自己更有活力的人，他们并没有感到压力和担心，因为只有这样才能推动他们自己迈向更高的台阶。他们虚心听取那些拥有更多经验、更高专业技能的人的观点、思路和意见，使自己的思想和以往的实践经验都能受到积极的影响。长此以往，他们自己的核心价值观和基本的信仰体系都开始以前所未有的方式受到影响，所有这一切，都是为了让自己不仅成为一个思想者，更重要的是成为一个实践者！

　　关联型教师深受这些方式的影响，因为他们通过在线空间联系到的合作伙伴，其数量远远超过之前数倍。每一个关联型教师都可以从自己的P²LN网络中收集新的思路和活动，并将它们带回自己的教室和学校。他们清楚地意识到，任何触手可及的地方都蕴藏着丰富的资源，如果只是把这些资源孤零零地存放到某台自己的设备上，那它们可能永远不会发挥出最大的价值。事实上，数量在不断增长的全球关联型教师都在分享着身边的成功故事，这些故事或激励人心，或鼓舞斗志，或演绎创新，或意味深长……自他们被分享这些故事的人环绕之时起，这些就都成了一种日常的习惯：每天清晨醒来，他们就期待着上班并准备"创作"新的传奇故事，他们在与周围同事以及其他人的交谈中，显得更加积极投入、更加思路开阔。对于那些正在寻求新突破和新资源的同事来说，他们俨然已经变成了知识的"加油站"和信息的"枢纽站"。

关联型教育者通过他们的学习网络获取更多的知识，并把这些知识转化为学校或者学区可操作的行动。以这样的方式，他们努力地使自己的影响不断扩大，此外，下面的思路也能有效增强关联型教育者的影响力。

1. **为见面会提速**：创造一种"快速约会型"的活动，就像要去接触陌生人那样，活动的焦点集中在培育一种"家庭氛围"，其中的重点是强调关系的重要性。

2. **通过私人的方式来行动**：在职业学习培训期间，给教师分配一段时间，让他们给平常不经常联系的5个家长分别打5个私人电话，要求教师与家长分享对于孩子们来说很重要的具体事情。然后让教师记录下这些家长的反应，在全体教师面前一起分享通过这种形式所接收到的所有积极评论。

3. **欢迎新生**：从教职工当中挑选一些人组成一个团队，让他们与学校里的每一名新生见面交流，了解他们作为一名新生，被一个新的集体接纳时的内心体验，之后在教职工大会上把这些反馈与全体教职工进行分享。

4. **与不起眼的学生建立联系**：在开学典礼上，把每一位学生的名字都粘贴在学校的墙壁上，让教职工为每一个学生写一条积极肯定的备注。每条评论都写好之后，一一记下每位学生的名字，将这些信息告知教师团队，让他们设法与这些不起眼的学生建立联系。

5. **在微博上的一周**：在你每周与同事沟通交流当中，要包含"在微博上的一周"，内容上要包括激发思想的微博消息、视频、图像及其他资源。

6. **感谢一位家长或者一位同事**：花一两天的时间给学校新教师的父母打一个电话，让他们了解自己的子女在学校里的工作是多么出色。

7. **每天记住两位同事的特点**：每天记录学校里两位同事的特点，这样一个星期你就可以对10名团队成员面带微笑了，接下来，一个月就是40名。

8. **邀请辍学的学生回来**：联系那些中途辍学的学生，以私人的形式邀请他们回到学校。让他们知道你是多么关心他们。询问他们你能够为他们提供哪些支持，以帮助他们继续自己的学业。

9. **强调正能量**：在下一次行政会上，向大家介绍今年以来取得重大进步的一位教师，用正面的成功故事取代那些负面的批评、消极的指责，这样做的目的是要在学校内部营造一种努力向上、力求完美的文化氛围，会后别忘记持续跟进那位教师的职业发展。

10. **庆祝美好的时刻**：在每次教职工会议上，让教师们分享一个关于学生的积极故事，花时间去庆贺每个学生取得的哪怕是点滴的进步。

11. **校长定期在校门口迎接学生**：让校长将他的办公桌定期地从办公室搬到学校的主要进口处，这样每一位进入学校的人，都会直接得到校长本人的问候。

12. **学生领导力团队**：创建一个学生领导力团队，每个月和他们一起举办一个正式午宴，讨论在创建学校优秀文化方面你们可以一起做些什么。

13. **交换日**：主办一个和其他学校的学生、教师的互换活动，这样就可以成功地示范如何进行沟通交流，同时也可以从学校以外的其他团体中学到很多东西。

14. **本地的教育野营**：找一家附近的学区作为拍档，一起合作或参加一次职业发展方面的教育野营活动。

15. **用电视播放微博消息**：在你的学校里放置一个大的显示屏，用以捕捉和突出显示学生和教师发送的微博消息。

16. **表达感恩之心**：让所有的学校教职工在索引卡上写下一位

让他们的生活与众不同的人的名字，同时让他们在明信片上写下那个人的通信地址。收集并收藏好这些明信片，把他们存放在一个稳妥的地方，等12月份到来的时候，依照索引卡上教师们留下的姓名，将这张明信片寄给他们。

在这本书中，我们几次提到了微博的威力，它目前的确对于很多关联型教师来说是一个主要的软件工具，他们使用微博来与全世界的人们、思路和资源保持联络。但是我们也发现，那些"从今天开始，为了明天而奋斗"的教师深知明天或许是一个完全不可预知的故事，不管我们谈论的是从现在起的一个月之后、一年之后或者未来五年之后的事情。今天这些努力奋斗的关联型教师都拥有良好的心态，他们始终认为总有很多的东西等待他们去学习，他们也做好了随时迎接下一个新事物的准备。在这个过程中，他们对任何"事物"的本质都具备很强的认知能力，那就是无须探究这些"事物"的来龙去脉，只需要把这些"事物"视为可以让他们进一步扩大影响力的工具即可。

我们要不断交流的信息其实与设备本身无关，而是事关教育形式的转变、真实的学习体验和学习机会——这些问题在这些资源类工具配备到位之后就会慢慢地浮现出来。同样地，对于微博或者其他工具来说也是如此，它们只是帮助和促进我们完成目标的数字化联络工具而已。

我们都知道，未来肯定会和今天有很大的不同，学习永远不是单纯学会一种知识，最好的体验仍然来自我们要与那些拥有同样热情的人们保持紧密的联系，而我们的热情和动力是要为孩子们去改变这个世界。

那些为了明天而奋斗的人们都知道，成功和良好的心态通常不仅仅源自一种"可以做"的态度，而更多的是源自"愿意做"的态度。你需要付出勇气和毅力来积蓄发出积极声音的能量，保证每天都处于最佳状态，也需要付出勇气和毅力来坚持不懈地努力，确保自己的影响力达到更大的范围。

🔑 5 项行动措施

我们总结了 5 项行动措施，你可以借助这些建议来开始或继续成为一个关联型教师，以下就是针对如何使你的影响力在学校或者社区不断扩大，我们建议你采取的 5 项措施：

1. 创建一张你准备邀请的名单，你会提名谁来当学校管理者？接下来，罗列一下这些人的性格特征中你最欣赏的有哪些。努力效仿他们，当然也不要遗忘了自己的本真。

2. 从本章中罗列的 16 项关于如何让影响力更大的建议中挑选出两个，针对挑选出来的项目积极地采取行动。

3. 在一个地区或全国的会议上，提交一份建议书，如果被采纳了，就开始和你的学校团队或 P^2LN 网络同行一起工作吧。

4. 组织一次教育野营，你可以在自己的学校、学区内，和相邻的学校一起做这件事情。

5. 主办你自己的微博聊天，从你的P^2LN网络中组织一个团队，目的在于发展你的学习网络，并且激励其他人接纳当今世界的新变化。

Chapter 6

第 6 章

KNOW THAT IT IS
STILL ABOUT THE 3
RS: RELATIONSHIPS,
RELATIONSHIPS,
RELATIONSHIPS

培养高效的
人际关系

我们一致认为在我们的教师职业当中，没有什么比人际关系更为重要的了。借用一个类比来说明："如果在房地产领域最重要的三个词语是'地段、地段，还是地段'，那么类比学校教育领域，最重要的三个词语就应该是"人际关系、人际关系，还是人际关系"。

有意识地与我们的同事建立和维持积极正向的人际关系，这个重要性怎么强调也不为过。所有成功的教育工作者都深知这一点，因此在工作中他们不仅注重与学生建立积极的人际关系，同时也会和学生家长建立起这样的关系，此外他们同样看重和同事之间的关系。这一点并不是关联型教师和非关联型教师之间的根本区别，因为在聚焦于积极人际关系的打造过程中，所有的教师都是主人，两者实际的区别在于关联型教师会有一个额外的社交网络，他们通过这个网络和其他人保持日常的互动，而其他人同样也在构建自己的积极正向的关系网络。也就是说，关联型教师和非关联型教师的根本区别就在于学习网络里的成员是否有很多来自学校或学区以外的教师。

关于人际关系的必要性以及擅长处理人际关系作用方面的研究

非常多，格尔曼、波雅迪斯和麦基在写作关于情商的书籍时，他们重点强调了人际关系管理。马扎诺、沃特斯和麦克鲁迪则在书中将人际关系定义为学校领导必须完成的21项职责之一，要求他们能够通过人际关系管理来正向影响学生的学业成绩。在讨论关于工作的核心概念的过程当中，莱文和雷金着重阐述了人际关系的重要性，她们认为这是能够更紧密地与深层次的目标进行关联的一种方式。在教师当中——显而易见的——人际关系是最重要的。在一次针对以学生为中心的教学行为统计分析中，科尼鲁斯·怀特发现一个以学生为中心的教师所具备的素质，包括他展现出来的温暖、信任、同情心和积极的人际关系。巴斯专门撰写了如何与同事建立相处融洽、志同道合的人际关系。最后，领导力方面的专家库泽斯和波斯纳强调，处理好与我们共事的人之间的关系对我们的自身效能是至关重要的。他们搭建了一个培育和维护积极人际关系的框架准则，包含如下7个要素：（1）制订明确标准；（2）期待最佳效果；（3）始终保持专注；（4）有个性化认知；（5）讲述故事；（6）共同庆祝；（7）树立榜样。这7项关于建立积极人际关系的特征，对任何地方的教师要取得成功都是非常重要的。尽管我们在很多地方都可以找到擅长这7项要素的成功教师，但我们还是认为它们会在关联型教师的生活中发挥独特的作用。

　　人际关系在所有教育工作者的生活中都是至关重要的，我们大多数人的日常事务都是面向人的，因此决定我们成功程度的不是工作和

项目本身，而是我们与之打交道的人。那些对自己学生的未来生活产生过重大影响的教师，往往都与学生建立了最为积极的人际关系，并通过这种关系进行日常的交流互动。当然，他们建立的人际关系圈子不仅限于学生，还包括他们接触过的其他教师。关联型教师在工作中会和他们直接的工作伙伴建立积极的人际关系，他们也会四处寻找来自全球的专业伙伴，与他们交换思路，分享成长和学习的故事。在交流互动的过程中，他们平等对待各方面的关系，并且尽力挤出时间，通过各种社会媒体平台与学习网络中的成员保持经常联系，同时只要有可能，他们就会找机会和其他人进行面对面交流。最后，关联型教师也在寻找各种途径，以便让他们的学生能够与全球其他学校的学生有更多的关联。他们知道善于关联对于个人和职业来说是多么重要，推己及人，他们认为这对于学生同样也是非常重要的。虽然在本章当中，我们主要谈论的是作为一个教师建立起来的联系，以及通过这些联系所形成的人际关系，不过我们也要强调一下，有很多关联型教师已经将这个关联型的世界延展了，在联络中他们还努力让自己的学生与全世界的其他学生进行联系。

所有的开始都要基于信任

巴拉克和施耐德曾经研究过一所学校中建立的信任程度和学生学习之间的联系。他们发现，**在关系信任度方面水平较高的学校，**

相比起那些关系信任度较低的学校，更有可能有效提升学生的学业成绩。他们列举了这种信任的4个标志：（1）尊重；（2）个人关爱；（3）核心职责上的能力胜任；（4）正直的人格。在另一项研究中，赛博林和巴拉克发现，那些在信任度方面不断进步的学校和那些团队合作开展良好的学校，他们的学生会告诉大家，学校的教师很关爱他们。另外，在那些正在经历信任度下滑或者仅保持不变的学校中，教师们更有可能说他们之间互不信任。毋庸置疑，信任是人际关系的中心，我们和我们信任的人能够成功获得更深入、更持久的联系。目前，已经有了一些理论研究的成果，这些成果可以指导我们检验信任是由什么构成的以及如何确定它的存在。特斯查南·莫兰和霍伊定义了测量信任度的5个特质：

1. 仁慈。人们对彼此的兴趣和关注点持尊重与保护的态度。

2. 可靠。人们能够相互依靠，共同克服困难。

3. 胜任。人们相信彼此的能力完全能够适应所在岗位的要求。

4. 诚实。人们都以自身正直的人品代表着公平的环境。

5. 开朗。人们总是自由自在地相互分享各自的信息。

正如"物以类聚，人以群分"那样，那些能够成功地和一个卓有成效的学习网络保持联系并从中受益的教师身上一定具备上述5种特质，而与他们保持联系的教师身上也自然而然地拥有这些特质。

关联型教师重视信任，同样也希望自己学习网络中的人是值得信赖的。他们依靠那些或远或近的同行，寻求支持和帮助，同时他们也希望这些同行可以随时依靠他们。他们发现，给自己一次机会去相信另一个不期而遇的教师，几乎总是会得到意想不到的回报，诸如一个新的思路、一条更好的途径、一个新的资源、一个可以将两所学校的学生联系起来的机会，以及最重要的是可以与某些人建立起一种前所未有的人际关系。关联型教师还相信，他们在职业上正在联系的人，正是可以用安全和开明的方式进行互动交流的人。

在本书的第1章，我们建议关联型教师应该从建立个性化和专业化的学习网络作为开端。从逻辑上讲，对于很多教育工作者来说，这个建议很难，因为他们还不能确定那些"追随"他们的人是否可以信任，他们还有可能担心自己永远也不能创建一个足够大的、可以真正学到知识的P^2LN网络，甚至他们会担心微博的安全性，猜想通过微博和他们交流互动的那些人可能会暗藏着不可告人的动机。不过随着关联型教师在学习过程中的不离不弃，这些所谓的担心都会慢慢消退，其中的主要原因就是他们渐渐地从与包含着自己学习网络在内的整个全球性教育社团的联系中感受到了信任。他们开始学会相信学习网络中的伙伴，总的来说，这些人其实和他们很相似，都是对自己在做什么、想做什么以及能做什么充满激情的人。他们逐渐相信，没有人会对他们发表在微博、博客或者其他任何地方的帖子产生不好的想法，或者对他们分享的资源、所展示的照片、自己感兴趣的引文以及发生在学校里的某件事情进行武断的评论。他们开始相信在学习网络中的人们，其实是一个可接纳的、愿意给予帮助的、不会对别人评头论足的专业群体，他们可以丰富你的专业知识，为你带来更多的帮助。勇敢地建立起足够的信任吧，让自己可以在全世界面前大大方方地"亮相"，晒出你的照片、传记、意见、想法、资源甚至你的学校和班级。谢天谢地，在线上的教育类社区当中，据我们所知，几乎还没有任何一个社区的网络环境的诚信被完全糟蹋，而且，这种共同的尊重和信任的感情一旦建立起来，人们彼此之间不断地产生积极影响，这种良性的循环就会不断地持续下去。

拥有高期望

关联型教师无论在个人还是在职业方面，都是拥有高期望的人，他们期待能从他们的学生、学生家长、同事以及学习网络的成员那里获得回报收获，这些回报都不是他们刻意去追求才得来的，而是自然而然获得的。在建立职业上的人际关系方面，他们花费了大量的时间，做出了巨大的努力，事实证明这一切的投资都是值得的。

关联型教师希望P^{2}LN网络中的每个人一旦需要帮助就立即提出来，这种方式有利于每个人的发展。举个例子，如果一个人正在检索有关学习环境建设方面的资料，他会希望从他们日常联络的学习网络中得到帮助，这一切很可能是从发出一个请求帮助的微博消息开始。通常情况下，这个人会请求P^{2}LN网络的成员转发这个求助信息，最终这条请求有可能通过很多学习圈子传递到成千上万的教师那儿。发出请求的P²LN成员依托并寄希望于至少自己P²LN网络中的几名成员来响应这条请求，并能够花点时间来琢磨它，如果可以的话，最好直接提供帮助，或者至少把它再传递给其他同行以寻求帮助。通过这种方式寻求帮助的人，在别人有求于他时，也同样愿意随时为别人提供有力支持。

另外的一种教师期待的方式就是学习网络的成员产生了特定的职业发展需求，他们相信可以从自己的学习网络中找到这方面的专家来及时解答困惑。很多时候，这样的教师会直接和学习圈子的成员联系，通过电子邮件、电话或者一个微博消息，询问他们是否有时间到自己的学校或者学区来上一堂培训课，传授那些让他们获得过成功的知识和专业技能。关联型教师一般来说都会对这些要求进行回复，并且只要有可能都乐于以某种方式提供帮助。我们曾经邀请过学习网络中的几位成员来参加我们组织的一个职业学习项目，他们在这个培训项目中，始终保持着随时出手相助的积极状态。再次强调，通过这种方式寻求帮助的人，在别人有求于他时，也同样愿意随时为别人提供有力的支持。

对P²LN成员的另一个期盼有时候简单到只需要他们耐心倾听就可以了。作为教育工作者，我们经常会在教室、学校或学区里遭遇完全无法预料的状况，这样的状况有时会让我们措手不及、陷于困境。**碰到这样的情况时，不要在自己目前的组织里寻求帮助，最好**

是从学习网络中寻找一个可以对当前情况提供客观建议的人来帮助我们。我们通常会立刻拨通一个值得信任的P²LN同行的电话以寻求帮助，这样的帮助往往一开始只是积极地倾听，然后也许会有一些如何处理的具体建议或者可供参考的简单思路。在这些情况突发而至的时候，拨出这样电话的人可以确信：在他们的P²LN成员遇到同样情况，当他们正在应对一个棘手的问题或者正在完成一项艰苦的任务时，自己同样也能够及时地给予援助。关联型教师对他们在专业上交流的每个人都抱有较高的期望值——甚至比对自己的期望还高，当需要从自己的P²LN网络中获得任何形式的帮助时，他们会无所顾忌地坦率开口，并期待能够得到帮助。学习网络是一个流动性的团体，当有些人退出的同时，我们也在欢迎新成员的到来。专注于个性化和职业化学习网络的成员们，在每天日常工作已经耗费了大量精力的同时，不会仅仅出于社交目的或者纯粹满足于P²LN网络不断扩大的规模而花费太多的时间。相反，他们全力投身于建设学习网络的目标非常清晰，他们对如何让自己成为一个更出色的教师，以及通过与P²LN网络的联络来实现专业上的成长充满了期待。如果他们发现有一个P²LN网络中的成员没有贡献什么实质性的帮助，或者在网络中的活动戛然而止，那么只需要适时地取消关注就可以了，这样就可以花更多的精力在那些期待从P²LN中取得收获的人身上，反之，我们也可以从他们身上期待更多。

把人际关系放在首位

从那些从来不与工作单位以外的人联系的教师，以及可能还没有完全理解成为一个关联型教师各方面意义的教师那里，我们听到了一些批评性的意见，他们说自己不愿意也没有时间在微博或者其他虚拟平台上，与他们不认识的人保持在线联系。从我们的经验来看，所有的这一切在背后都有规律可循。实际上，我们早已发现外部的学习网络与我们校内的学习团队同样重要，而且它们是可以并行的。

在一所普通的学校当中，一名教师可能会与其他40个班级的教师一起工作。在一些学区，一个校长有可能会和10~20位本学区内其他学校的校长或者副校长定期会面并讨论工作中经常遇到的各种问题。每一个这样的例子当中，都要分两点来考虑。首先，这些成员对我们需要获得的所有知识和技能来说还远远不够，要持续稳定地获得这样的方法和知识，就要求我们必须适应一个关联型的社会，这个社会告诫我们任何低效率的、不实用的机会都应该被我们摒弃。其次，我们已经发现这个延伸了的学习网络和更为直接的学习网络在很多情况下是相似的——在这两个网络中，成员之间的联系都会比其他网络更加密切，能够获得的帮助也超过其他的网络，教师们不仅可以打造密切的职业人际关系，还可以造就亲密的私人关系。通过网络与全世界的各种线上社团中的其他教师保持联系，并不会把你排除在建立亲密的私人和职业关系纽带之外。

　　如果有谁在微博上关注了1000个甚至更多的教师，很显然，尽管他可以把自己所关注的人的观点进行阶段性的收集和整理，但他绝不会和这1000个人都建立密切的私人关系。我们坚持认为这一点和你日常的工作环境没有根本的区别，就算你在一个学校和50名教师一起工作，我们也可以推测出你并不是和这50人都保持着非常亲密的关系。相反，在这些同事当中，你可能会加入一个只有10人但意气相投的团体，或者加入一个更加紧密、人数也更少的团体，这个团体的成员也许就是和你教同一年级或者同一科目的教师。

　　在P²LN网络上这个比例看上去也比较真实，如果有人在微博上关注了1000个人，我们可以大胆推测，其中只有10%左右是他密切关注的，而在这10%当中，可能大约只有50人，也就是总比例的5%能与他建立起非常紧密的伙伴关系——这种关系的紧密程度，起码要达到他可以安心地向别人打电话寻求帮助，或者当别人求援时可以毫不犹豫地提供帮助的程度。实质上，在线P²LN的关系与我们学校内部的关系有时是非常相似的，甚至可以说是同样重要的。一位教师或者一位学校管理者，如果他本身在学校里就善于处理人际关系，那么很可能他在自己P²LN网络上也同样精于此道。同样地，对于那些不擅长处理人际关系的人（要相信，这些人毕竟只是少数），我们很难想象他们每个晚上可以通过微博和10000个P²LN粉丝成员保持交流互动。极有可能的是，他们在业余时间根本就对与其他教师保持联系不感兴趣，即便感兴趣，他们也会很快地发现在这种互惠交流的氛围里，他们无法建立起亲密的人际关系。

但是对于那些珍视职业人际关系的人来说，尽管他们在学校里已经拥有了稳定的人脉圈子，也依然会努力地与其他那些他们打过交道的教育界同行保持联系，我们有几百个有关人们从来不曾谋面但却成为亲密伙伴的实例。一个P²LN成员将他的手机号码告诉杰夫，让杰夫转告他在上大学的女儿，杰夫的女儿住在离家1000英里的学校里，那儿正好离那位P²LN同行很近。他告诉杰夫："我也是一位父亲，知道为人父的心情。请把我的电话号码告诉你女儿，只要她在这儿上学，只要需要帮助，任何时候她都可以给我打电话。"

托德也有过和别的人合写一本书的经历，他甚至没有与合著者见过面，甚至如果他不下决心建立自己的P²LN网络，就有可能一辈子都不会认识这个人。吉米曾将他自己的家提供给来自各地的教师住宿，而这些人仅仅是出于这样或那样的原因经过他居住的城市而已。另外，我们三个人都曾经在P²LN成员急需帮助时捐献过金钱，或者发动P²LN的成员一起支援。

一开始，通过各种"虚拟"的方式与P²LN成员们保持交流互动，看起来可能是一种"缺乏人情味儿"的交流、成长和学习方式，但是真理只有一个。工作中的每件事情最终都要回归到人际关系上，都必须找到一种建立个人联系的办法，为那些我们一起工作的同行提供一种私人的接触。我们的工作对技能的要求几近严苛，而我们的责任又

过于重大，以至于不得不同时发挥好我们与同行的志同道合的作用。那些杰出的教育家们——无论他们限制自己只与身边的合作者保持专业上的联系，还是他们充分利用网络获取更多专家的专业知识——总是把人际关系放在首要位置，并且他们永远不会忘记私人的接触，这不仅仅是职业上的义务，也是出于人际关系的需要。

庆祝美好时刻

在我们造访过的每一所学校中，四处洋溢着积极、高效的气氛。在这样的学校环境中工作，教师会自觉地和他们的学生、学校社区以及每个成员一起，通过各种不同的方式，庆祝他们在工作中取得的成就，关联型教师也同样会找到与P²LN成员庆贺成就的方式。

我们可以通过很多的方式对学习网络中的同行表示祝贺。通常，这些祝贺可以通过简单快速的方式在学习网络的成员中传递，而且那些在学校或自己教育生涯中的美好事情都可以采用显眼的方式展现出来。当某位P²LN成员所工作的学校发生了一件激动人心的事情时，P²LN中的同行会很快将这些好消息通过微博发送给他们认识的每个人。每次当P²LN网络中的某位成员收到了这种形式的个人通知，P²LN的伙伴们都会快速地以显眼的方式广而告之，让全世界都知道他们所获得的成就。尽管大多数P²LN成员严格地将他们在线联系的大部分时间更多地用于教育职业的话题上，他们偶尔也会把发生在家庭中的好消息或者一个最近刚刚达成的个人目标,作为私人话题和大家分享,比如参加了一次马拉松长跑、减肥成功、获得了更高的学位或者去了人生清单上的某个地方旅游等。在所有这些例子中,P^2LN中的同行都会以开心的心态来分享这些好消息,而且立即就会通过一条简短的微博消息将祝贺传到网络上。

最后,除了这种简单且快速的庆贺方式之外,那些已经在线上建立了亲密关系的P^2LN成员还会尝试找到一条途径亲自和对方联系,或者就在一次面对面的会见中简单地庆祝一下他们所建立的职业友谊。在过去这几年中,对我们来说,和P^2LN伙伴们会面已经是司空见惯的事情,比如,到外地参加一个专业会议,或者去参观另外的一所学校,甚至有时只是我们的私人假期旅行,当来到某位P^2LN成员的城市附近时,就会找机会与他们见面交流。我们知道好多教师一开始只是简单地使用微博进行联系,但是慢慢地,他们逐渐开始借助各种机会和那些距离很远的同行一起吃饭、一起参加职业竞赛或者一起出席会议,这样亲自庆贺的方式充分展示了在网络上和全球其他充满热情的教师建立起来的人际关系是多么有力和持久!

重视分歧和异见

当我们讨论问题时,如果希望自己能被别人视为值得信任的人,就需要重视各种分歧和异见。关联型教师往往是愿意信任别人的人,而且这种信任包括了有足够的自信在 P^2LN 网络中辨别出与自己的观点、行动、思维和表达不相同的成员。而且，这样的教师相信自己和 P^2LN 成员可以完全坦率地交换思路和意见，即便当他们知道并非每一个人都会同意对方的观点时亦是如此。在组建 P^2LN 网络和对话的过程中，我们一定要重视分歧和异见，因为在学习网络环境中如果出现分歧和异见，反而恰恰是我们获取知识和提升自己的关键所在。

如果我们在建立和扩展自己的学习网络时，只是为了寻找更多与我们有相似的思维、行为、视野，甚至是相似的职位和头衔的教师，那么我们不会因此得到太大的收获和提升，而寻找不同，才是我们创建 P^2LN 网络的初衷。很多关联型教师有意识地努力与各行各业的人们联系，尽管他们的 P^2LN 网络由众多优秀且独特的教育者组成，他们还是可能会有意地在网上与 1000 个甚至更多的人保持联系，这 1000 个人当中也许包括了高中教师、初中教师、小学教师、学校管理人员、大学教授、家长、咨询师、作家甚至包括对教育方面感兴趣的政治家。关联型教师在寻找可以联系和学习的网络成员的过程中，如果能把自己的网络拓展得更加宽泛，那么他们的知识结构就会更加全面和多元，同样，他们的观点也会因视角的不同而变得更加丰富多样。那些拥有大量 P^2LN 网络成员的教师，会统计那些与他们拥有相似工作和职业兴趣的人，不过他们更明白，了解相反的意见和收集对某个问题的不同观点更为重要，他们的网络中不仅需要认同他们想法的人，更需要那些可能会对他们的思想发起积极的、富有成效的挑战的人。

关联型教师积极地寻找那些值得他们信任的教师，他们之间有着共同的追求。此外，关联型教师还通过公众在线论坛，积极地投身于各种专业的演讲活动中，这些演讲活动的特征就是真诚坦率，其中往往包含着对问题的不同意见、不同见解，但即便如此，这些对话依然是受人尊重的。我们都知道，在讨论某些严肃的话题时，绝大部分人都会倾向于赞同多数人的观点，这样的谈话常常会出现在微博中，使聊天室变成了"回音壁"一样的空间，因为人们会很容易受到环境的影响而"人云亦云"，甚至提不出任何不同的意见。但是，那些资深的、受人尊敬的成功教师，仍然能够从此类谈话中找到一条可以接纳不同意见的途径，他们从来不惧怕公开表达自己的看法，也会有理有节地回应某个教育界同行的意见。因为无论讨论何种影响教育的主题（比如"我们为学生提供的最佳行为课程应该是什么"），他们都知道交谈中的每个人都抱有一致的目标，那就是探究教学的规律和教育的真谛。不过，他们也知道坦率、理性和智慧的教师在"什么东西对孩子们来说是最好的"这样的问题上，会有对立的——但都是合情合理的宝贵意见。在我们的职业中，出现答案单一、非黑即白、非是即否的概率是极小的，我们的世界不是只有黑白两色，而是一个不仅有科学，还有艺术的五彩斑斓的世界。知道这一点，我们才能理解那些与我们互动交流的人们在处理一个问题、完成一项改革或者监控学校进步的时候，为什么不可能总是和我们的看法一致。与其羞答答地回避这些职业上再正常不过的小冲突，关联型教师更倾向于把这种冲突视为他们成长中的一次千载难逢的机会和一堂关于坦率直白的精彩教学，这样做会使他们更加为自己的职业感到自豪，同时也为学生今后在学术性的争论中如何表现，起到了很好的示范作用。

坦白地讲，我们怀疑大多数的教育P^2LN网络作为一个整体都是大同小异的，毕竟，希望自己不拘泥于按部就班完成工作任务的那些教师，通常都希望能走出去寻找对他们职业发展有帮助的其他途径。从逻辑上讲，这些超越工作范围与外界联系的教师都会以一种相似的方式持续成长：成为充满激情、努力工作、精力充沛、反应敏捷、期待合作的专业人士。当然，在我们的经验当中，我们发现很多工作环境截然不同、生活背景天差地别的教师也都拥有这些特质，因此，我们鼓励大家拓宽P^2LN网络的范围，把那些拥有不同背景和不同观点的人们都吸纳进来。

关联型教师在日常生活中努力创建和维护着积极和高效的人际关系网络，此外，那些他们经常可以联系到的人也是这个人际网络中的重要组成部分。

5项行动措施

我们总结了5项行动措施，你可以借助这些建议来开始或继续成为一个关联型教师。以下就是针对你以及学习网络中的同行应如何充分利用人际关系网络，我们建议你采取的5项措施：

1. 在这一章中，我们讨论了多样化和异见在P²LN网络中的重要性。盘点一下目前你的P²LN网络的规模，注意那些代表着某种观点且人数不多的团体，下决心增加10~20名成员，确保这些成员能够延展你学习网络的多样性。

2. 你是否值得信任？试着确认你受到同行信任的程度。

3. 积极地搜寻机会，在某个问题上表达与其他教师不一致的意见。你需要以一种尊重和得体的方式来做这件事情，但必须直率、诚挚地表达你的意见和理由。关注你收到的所有回复信息，当你的意见和P²LN成员一致的时候，要尽自己的努力去支持和认同他们。同时也不要害怕说出你心中的想法——就算它可能造成你与正在交流的其他人之间的矛盾也一定要坚持自己的观点。

4. 在微博上分享他人在个人生活或职业发展上取得的成就，花点时间推送一个祝贺信息以示回应，可以转发原帖，也可以在交往方式上再增加一些私人接触。

5. 请求你的P²LN成员帮助你处理一个难题，除了发送一条微博消息寻求帮助之外，也请他们帮忙转发。考虑跟三个你认为是P²LN成员中最值得信任的人打电话，积极地倾听他们的建议、意见和思路，并感谢他们。当他们也需要你帮助的时候，请及时为他们提供帮助。

第 7 章

MODEL
THE WAY

成为他人的榜样

每个人都具备领导力，但是每一个高效能教师都知道，不管他们成为团队领袖的愿望有多大、能力有多强，他们都不可能一个人独挑大梁，他们不仅要激励后来者，而且要为其他人创造更多学习的机会。他们致力于在行为和态度上做出榜样，并用这种榜样的力量去引领学校和社区的文化，从而创设一种积极的教育氛围，影响周围的个人和学校组织。在今天的学校里，教师在为学生、家长和社团服务的时候，都期待着以提高关联型领导力的方式来完成工作，这种方式应该是公开透明、易于操作且有确定目标的。所有的工作都应该建立在信任的基础之上，不仅要注重组织中的每个成员的价值——从学生到教师，还要重视那些组织之外的权益人，包括家长、社区成员、企业家等。

关联型教育者在工作中为他人树立榜样，他们知道，哪怕再好的事情如果他们自己都不愿意做，那么也不能强求学生或同事去做。正所谓"己所不欲，勿施于人"，不管是在教室中从事学科教学，还是在校长办公室里担任管理之职，他们总是在努力营造合作的氛围，每个团队成员都可以从这种氛围中受到鼓舞，从而勇敢地走出自己的

"舒适区",宁愿冒一点风险也要与外面的世界接触。他们的思想和语言都是活跃开放和跟得上时代潮流的,我们知道他们的感情、他们的信仰、他们采取的行动代表着什么,以及他们每天做出了哪些实际工作。他们聚焦于用实际的工作状态来影响自己的学生和团队成员,关联型教育者认识到,任何班级、任何项目、任何学校和任何学区的成功,都是建立在自信心——坚信自己可以完成任何艰巨任务的心态的基础之上,因此我们不仅要在正确的心态方面做榜样,而且也要在相应的行为和态度上做典范。通过这些榜样和典范,我们才能收获到最积极的文化转型。关联型教育者明白行动比语言更有说服力!因此,为了对其他人产生积极的影响,我们必须以身作则!

为学生做出最好的表率

"以身作则"可不仅仅是一条时髦的流行标语,它为关联型教育者提供了一条通往无限可能的途径。当一个正面的典型被树立起来后,教育者可以通过这条途径来增进学校的文化氛围。在我们到访过的数百所学校,以及这些学校的数千个教室中,我们发现那些最优秀的教师都为学生做出了最好的表率,接下来我们完全可以期待学生会变得更加优秀。类似地,曾与我们共事过的那些最优秀的学校领导,也有意识地在态度、行为和职责上做出表率,而这也正是他们希望从自己的教师身上看到的。通过以身作则,教师和领导们激励着他们的教授对象和领导对象，根据共同的价值观来指导自己的行为，只有这样他们才能达成共享卓越的目的。考量你自己在说什么，用榜样来指引自己，确保自己的行为规范，这样你就会明白究竟什么是以身作则。在学校和教室里，领导力是建立在人际关系基础之上的，而人际关系又必须精心培育。关联型教师在人际关系的交流技巧上为我们做出了榜样，无论是在师生关系，还是在同事关系方面。

请记住：我们之所以这样做，是建立在教师即领袖、领袖即教师的前提之上的，关联型教师同时也是关联型领袖，反之亦然。通常，一旦某个学校或学区的教师感受到了来自P²LN网络的鼓舞，他们就会制订目标，发动所在学校和社区的其他教师开始和这个P²LN网络相互联系。如果真这样的话，他们必须确保自己能以身作则，因为在培育学校团队及网络成员的人际关系方面，肯定要投入额外的精力。他们必须珍视从这些人际圈子中获得的知识和个人反馈，愿意付出时间和精力来精心地培育它们。每当他们的同事或者一些教师领袖把积极的声音带到工作环境中时，他们都会坚持分享，且投身于专业性的对话当中。很多与我们交流过的关联型教师都坚信：一个人可以让其他人的生活变得与众不同，即便在面临比较棘手的问题时，他们也绝不会把精力花费在抱怨、追究责任或者找借口上，他们只会聚精会神地通过头脑风暴来寻找专业的解决办法，用尽量周全的方案来对付出现的问题。如果他们发现周围有同事对与别人交往感兴趣，他们就会为这些同事做出示范，而且他们也知道这类支持不可能是"一次付出终身管用"的。成为关联型教师，与其他任何具有实践意义的事情一样，需要在前期投入大量的时间和精力。

当作为一个关联型教师的第一件事情启动之后问题就出现了。首先必定会出现的问题就是学生对社会媒介工具的误用，在某种程度上这会给教师自己带来危害，甚至包括给其他的学生乃至整个学校都带来消极影响。当这样的问题出现的时候，我们的应对方式可能会决定它们在今后发生的频率，是愈发频繁还是逐渐消弭。为说明这个问题，让我们首先分享一个例子，它发生在那些尚未容纳关联型学习的学校里。

当社会媒介工具不可避免地渗透到学校内部时，很多学校的校长都采取了"上锁和堵截"的方式，当然他们这样做大多是本着良好的意愿，同时，他们这么做也正是因为设想到了坏的一面。他们通常会利用各种假设条件来做出他们的决定，如果学生登录了未成年人不宜的网站将会怎么样？如果学生向其他学生或教师发送不合适的微博消息将会怎么样？如果一个学生把所有时间都花在网络上而不做功课将会怎么样？如果他们侵入了校园网络将会怎么样？

事实上，所有这些事情都会发生，但你的反应将决定你如何来克服这些困扰。我们最常见的反应是——拿走这些工具和资源，因为我们相信它们是导致这些行为的"罪魁祸首"。就像发生在洛杉矶统一学校社区的一个案例那样：当罗斯福高级中学的学生琢磨出一个可以"黑"进学校安全保卫系统的方法后，他们就可以在不受学校信息过滤限制的情况下自由地使用学校定制的iPad了。仅仅在配发iPad一周之后，学生已经可以使用它进入个人的Facebook账户，登录那些未成年人不宜的网站了。当学区的官员发现了这个安全漏洞之后，第一反应就是停止配发iPad给这个学区其他学校的学生。我们应该意识到，因科技发展而导致类似的问题会越来越多，这是极为正常的。我们也应该意识到，作为教师，应该把处理这样的情况视为重要的教育契机。当然，学生必须对他们做出损人不利己的行为承担责任。只不过，结果不应该把拿走这些工具作为惩戒，因为我们本意是想使用这些工具帮助学生更好地学习。就像是如果有一个学生污损了自己的教科书，我们不能把教科书没收一样，我们同样不应该也必然不能够以没收被学生误用的科技工具作为对事件的处理反应。最终，上述场景的处理结果就是所有的学生都被取消了获得数字设备的权利，而这仅仅是因为一小部分人的行为造成的。在这个案例中，这"一小部分"仅仅是那个学区注册的几十万学生中的二三百人。

关联型学校领导者意识到在这样一个互联网社会中生存必将遭遇很多挑战，与其四处逃避躲藏，还不如勇敢地面对。他们把这样的体验视为学习的良机，也视为与学生建立良好人际关系的契机，而这一切在过去可能是闻所未闻的。与其固守惩罚学生的立场，还不如借此机会重塑教育的导向，放下架子去与学生亲密接触，了解他们的真实心态，然后共同寻找新的解决方案。在第3章里我们曾经讨论过，通过分享学校发生的故事，很多关联型领导者找到了自豪感和成就感，他们的工作精力重点放在了如何以开明的心态来信任学生和教师上，从而让学校内部关系更加紧密。他们不断使用社交工具来对外塑造学校品牌，他们抓住一切机会来整合一个以提升学生数字化领导力为重点的项目，目的是为了保护每个学生的数字化信息。他们创建了学校的主题标签，通过学校的视频系统在电子显示屏上突出显示学生和教师的微博消息。他们指导学生分组去收集回馈意见，在礼堂的投影大屏幕上播放微博简讯，并且让学生能够在学校里拥有自己的话语权。当问到有谁来监控他们播放的这些微博消息和图片，以确保它们没有问题的时候，关联型教育者最通常的回答就是：学生、教师和学校的各种社团都会自发地参与监控。当一个问题发生的时候，他们对学生问责的方式是通过教导他们保护好自己的"数字足迹"，而不是聚焦于如何惩处学生上。最终，采取这种处理方式会使学校与社交媒体有关的各类突发事件日趋减少。在一个学校文化当中，最重要的是做好示范并希望学校社团的每个成员去留意别人，珍视社区里每个成员的话语权。关联型教育者在处理这样的事件过程中秉持的理念是：我们要示范的行为方式恰恰就是我们期望得到的收获。但在有些时候，尽管我们尽了自己最大的努力来以身作则，期望学生和教师的行为方式发生转变，但依然还是会看到学生的一些不当行为，并为此感到失望。当这些突发事件发生时，作为一个关联型教育者应该如何应对？这只能由我们自己做出选择，不会有人来替代我们做决断，我们所做出的选择将会给未来的行为模式设定一个台阶。如果我们对所有学生都持怀疑态度，认为学生根本不值得信任，这种"地毯式覆盖"所带来的以偏概全的处理方式，将很有可能会鼓励更多同样事件的发生。相反，**如果我们坚信大多数的学生都是品行端正的，并且向他们做出行为端正的示范，那么我们将在学校内部营造出一种校园文化氛围，让越来越多的学生视我们为榜样，并以此来规范自己的行为。**

保持终身学习和持续进步

当事情没有按照我们的计划发展时，我们如何应对是我们自己的选择，同样，我们如何激励他人也是我们自己的选择。成功的教师都认同"成功是成功之母"这一理念，但更为重要的是，他们也意识到在漫长而艰苦的成功之路上，个人成长是一个非常关键的因素。**在过去，无论是什么样的因素让我们取得了成功，它们都不能保证让我们未来也获得成功，但如果能够保持终身学习和持续进步，我们就可以在不断变化的社会中掌握如何成功的诀窍。**在很多方面，关联型教师一直以身作则。他们明白要成为关联型社团当中的一员，就意味着很多工作今后要在线上完成，这是一项极其复杂的事业，需要在面临各种挑战的情况下坚持到底。通常那些能坚持下来的大多数人都拥有教学、学习方面的激情，同时还拥有营造积极环境的能力，这些都是我们希望灌输给学生并让它们能在学生当中生根发芽的。关联型教师通过让他们的学生和同事先认识到每一个成功都源于失败的方式来激励他们，这种亲身示范的行动是能够承受失败和勇于冒险的。

当今的学校若想通过"以不变应万变"的方式来让学生和教师的表现达到较高水平，那是很困难的。因此，关联型的领袖和教师都必须持有乐观自豪、热情洋溢的态度，目标明确地为领导力和学习的重要性做出示范。当教师确信自己所做的工作可以让学生今后的生活变得与众不同时，他们的这一目标就能够达成。学生同样也需要了解身边的集体、周围的社会甚至整个世界的一些问题与观点，并以此来不断增强自己的影响力。他们愿意为那些伟大的理想而奋斗，也希望今后某一天他们成为某个领域的领袖之后，能够在世界上拥有更强大、更深远的影响力。

有这样一个我们通过P²LN认识的关联型学生，他名叫扎克·马拉迈德，是马里兰州马里兰大学的新生。两年前，扎克创建了一个为学生互动交流的微博在线聊天室，在这个平台上，学生可以对与教育有关的、对自己有影响的话题表达自己的观点，下面是来自扎克的观点。

每一个学生都需要做好自己人生的舵手，如果我们过于频繁地尝试将学生置于一个所谓领导者的位置上，那就是在勉强他而不是在引导他，这样的结果通常只会让他顺着别人的轨迹亦步亦趋而已，这可不是学生内心的真实声音。我们让学生来负责某个项目或者俱乐部，可我们又不允许他们根据自己所学的知识和所取得的经验来选择自己的管理方式，而是预先为他们设定了种种限制，这可不是学生需要的真实世界，也不是什么有价值的经验。因此，我们才搭建了这样一个平台，学生可以在上面畅所欲言，说出自己心中真实的想法，发出自己心底的声音。我们把它视为一种学生的组织和行动，我们不会告诉学生应该提倡什么或者鼓吹什么观点，或者哪些看法对他们来说是很重要的。相反，我们创建的这个微博聊天室给予大家一个可以在一起做出决定的平台，而这个决定就是：我们可以改变一切！我们相信：如果将学生的发言进行仔细的整理，这些观点是很有实际意义的。它可以帮助我们做出自我选择，而不是盲从某些成年人认为我们应该成为什么样的人的看法。我们渴望独立，而且希望在自己年轻时就能拥有更多的知识。我们想得到更加开放的学习方式，这也就是我们相信这个微博聊天室如此重要的原因，我们也相信它最终能够从整体上对教育的变革发挥独特的作用！

作为一名关联型教师，我们努力地激励学生在自我教育领域要做一个"活到老、学到老"的终身学习者，扎克就是这样一位学生典范，他用自己的行动激励全世界的其他学生来发出自己的声音。

教师也需要被赋予足够的信任来发挥自己的影响力，并且应该在向学生提供课程、教育方式和评估等方面被赋予更多的自主权和灵活性。那些我们认为最优秀的教师都同意，为所有的学生提供有保障的、切实可行的课程是一个事关教育公平的问题。关联型教育者也同意这一点，但与此同时他们还相信一点，那就是：如何让学生从现在所处的状态达到他们所期望达到的状态，在这个问题上教师需要拥有更大的自主权，只有这样学生才能在既定的成绩标准之上展示出令人惊叹的表现。我们需要认同和信任这些经验，只有这些来自教学一线的经验，才有助于学生今后在现实社会中的生存和学习，绝不能因为某位行政管理人员顽固地推行某种"放之四海而皆准"的教学模式而阻碍学生的发展。此外，关联型教师还认为：为了激发学生的学习热情，一定要寻找能够让自己做到最好的途径！一位来自艾奥瓦州的教师马克·皮赛尔分享了下面的观点，让我们来看看他是如何激励学生学习的。

　　我的理念是帮助学生找到正确的方向，然后就放手让他们自己前行。我发现我的学生都对与外界接触非常感兴趣，他们会不断地通过"试错"的方式来进行学习，而不是通过我对他们耳提面命，告诉他们哪些是对的、哪些是他们应该做的事情。我期望他们拥有属于自己的、独一无二的经历，看到我的学生进步是一件非常开心的事情。我们通过微博和学生博客来与全世界的学校和学生联络，社会媒介让我们的知识达到了一个新的高度。与远至沙特阿拉伯学校里的学生开展互动交流，让我们备受鼓舞。目前我们在关注能够聚合我们的工作资源的办法，以及保持学生积极学习的途径。我真的很感谢我们的行政管理人员对我们日常教学所做的种种支持，每次我碰到他们，表达我灵光乍现的"点子"时，永远听不到这样的话——"哦，我们不能在这里做这样的实验"或是"那肯定行不通"，取而代之的是："我们要如何帮助你实现这个想法呢？"这样的鼓励让人充满激情，这也促使我们不断地创新，为学校和学生做更多的事情。

关联型教育领导者必须知道：学生希望得到教师的关心，教师也希望得到领导的重视，他们可不需要你告诉他们应该做些什么，他们需要的是客观的反馈和有针对性的指导，他们希望自己的伙伴能够倾听他们并且从精神上支持他们，对他们的表现表示赞赏。关联型领导者相信一句真言："不要告诉我为什么它不能那么做，而是和我一起来找到办法让它运作起来吧！"学生和教师都希望他们的观点被重视、被支持，关联型领导者发现了这一点，并且相应地规范自己的行为方式。在这个过程当中，关联型领导者其实已经为自己所服务的教师营造了一种他们所倾心的激励氛围，接下来可以预见的是，教师也同样会以相似的方式来激励他们的学生。

增强团队凝聚力

关联型领导者很清楚培育一个合作型工作氛围的价值，这个合作型氛围要能够对教师和管理者追求个人成长和职业发展提供支持，领导者有责任也有义务去培育一种"人人追求卓越、事事达成完美"的校园文化。作为教师，我们的责任同样也是培育这样一种班级文化。在这个过程中，我们应当持续不断地针对满足个人成长需求以及团队发展需求的重要意义做出示范，这种示范必须通过培养一种鼓励团队领导者共同参与的文化氛围来实现。在这个环境中，每个人的天赋、技能都能得到欣赏和重视，同时大家的关注点都放在如何提高学生素质和学校绩效上。榜样式的团队在他们的日常工作中注入了三个良好的习惯：远大的梦想、脚踏实地的实践以及从工作中获得乐趣！

关联型领导者每天勤奋地工作，通过鼓励和支持教师自主规划学习与成长的方式，为教职工提供富有意义、令人愉快和充满合作的学习体验，并让这种体验成为教师个人职业发展的重要一环。这些领导者通过一系列有效的方式来实现这一切，同时他们在整个过程中一直坚持"最好的专家就在自己的团队中"这个信念。在一起工作的时候，他们利用自己团队员工的教育才能来策划建立广阔、动人和极具意义的职业发展前景。在很多案例当中，那些为职业学习所建立的模式都是以教师为主导的，在这种模式当中，由教师来制订议事日程、确定议事主题，而且通常是以非正式的形式来举办，就有点类似于我们在第2章提到的"教育野营"。在其他的一些案例中，关联型领导者为了赋予教师更大的发言权和自主权，他们会采用多种多样的方式，例如参观当地企业，了解有关人际沟通以及工作技巧的第一手资料；参观其他学校，观察这些学校在哪些方面运转良好；同时，还可以通过学校间的教师互换来培育更为壮大的学习成长网络。关联型领导者同时也会创立学生和员工的博客，以此作为团队教学、分享、学习和成长的平台，在关联型学校中，教师们之间已经不再彼此孤立地工作。

位于休斯敦大都会区域的凯蒂独立学校社区，近几年来一直致力于在职业发展方面成为一个更好的合作型团队的典范，这些工作是由福尔兰、首席学术官员克里斯蒂·卡斯基博士、职业学习主任艾丽萨·法瑞斯通过一种更加系统化的方式来共同推动的，这种方式被福尔兰形容为"生活实验室"。而按照卡斯基博士和法瑞斯主任的说法，凯蒂独立学区正在酝酿生成一种"团结一致"的文化，这种文化来源于如何协同一致且更有目的地规划好团队成员的时间，从而使他们的工作变得更有意义。召开这样的合作型会议的根本目的是用来发展领导能力的，这样的目的可以保证每个领导者都不再只是为了让学校更加强大而孤零零地奋斗，而是团结起整个社区的力量让大家共同变得更加伟大，就像法瑞斯陈述的那样：

我们共同决定，每个月中我们都要留出一些时间来一起工作。在这里我们会不断创新、实践、尝试，不断地探讨解决问题的最佳方案，不断地讨论所面临的诸多挑战。就算我们所做的事情暂时没能成功，它们注定还是要被征服。没关系！我们协同工作直到攻克难关，我们要全身心地让自己的工作和经验变得更加充实。只有这样，我们整个团队才可能更加成功！

如果我们期望在更大规模和程度上影响世界，那就必须期望我们的学生、教师、家庭和社区成员一起行动起来，与整个世界产生更好的关联，而与世界产生关联的最好方式就是通过自己的日常行为来为他人树立榜样。这不再只是科技转化为教育的事情了，它们更像是与教师的教育方式改变学生的学习方式有关的事情，这种建立在我们共同确立的价值观基础上的教育方法，对于学生将来进入关联型世界——包括关联型学习组织和关联型工作团队——是最有益处的。

关联型领导者相信要促成这种变革型转变的关键因素，在于他们能否把存在于学习组织中那些每个人"藏在自己口袋里的精彩绝活"亮出来，以及能否将这些"绝活"在更大范围内、更大规模地复制。通过建立起联系的纽带，将那些在某些领域已经取得成功的人士与其他在学校或学区中也渴望成功的人联系起来。长此以往，大家的角色都可能会发生反转——今天在学习别人经验的某个人，也许明天就会成为领导别人的领袖。在我们相互学习、相互传授、相互引领的过程当中，我们要有一个远大的目标——创建一种合作型的文化，从"藏在自己口袋里的精彩绝活"转变为"共享于学习网络上的精彩绝活"。互联网同样也是由一个个成员组成的，他们中的每一个人都明白：要实现整个团队的成功，就得放弃个人的"秘密储藏室"，紧密地与团队联系、积极地为团队奉献，这样才会让整个团队更有凝聚力。在这条道路上，关联型领导者敏锐地发现了这一点，并且为他人树立了榜样，他们的心态很简单，那就是：我们所做的努力，就是我们希望得到的！

🔑 5项行动措施

我们总结了5项行动措施，你可以借助这些建议来开始或继续成为一个关联型教师。以下就是针对如何做到以身作则、激励他人，我们建议你和你的学习网络成员采取的5项措施：

1. 写下你的P²LN网络中五个成员的名字，给他们写一封私人感谢信，和他们分享一下自从与他们联系以来，无论是个人还是职业方面他们对你产生的巨大影响。

2. 提高学生的发言权和参与度，在学校里组建你的学生领导力团队。

3. 下决心在你的学校里推进和提倡开放式学习空间，这样学生就可以使用社会媒体工具和其他网络资源。创建学校的微博账户，并通过全校都可以看到的显示屏来公布账户的主题标签。

4. 如果你是一名校长或者学校管理者，创立一个教育和学习活动的"天才时刻"，覆盖所有的班级和教师，这样就可以给教师充足的时间来拓展创造性和革新性。

5. 要在敢于承担风险方面成为楷模，给大家示范如何从别人那里吸收知识，可以在一次全校大会上讲述一个教育实践的案例，在学校的教师职业发展日组织一次论坛，在教育野营中促成一次会晤，或者在出席地区或者国家性会议时提交一份建议书。努力地去实践你所想要看到的改变吧！

Chapter 8
第 8 章

KNOW WHEN
TO UNPLUG

放松身心

威尔·怀特是一位美国的视频游戏设计师，他最大的成就是"模拟人生"游戏的最初设计师，这是一款模拟生活的视频游戏，一直以来都是最成功的视频游戏之一，这款游戏产生了很多的衍生产品，怀特也因此获得了很多嘉奖。尽管怀特花了他生命中的大部分时光投入到各种不同类型的科技发明当中，但同时他也非常珍惜那些没有投入到工作中的时光，他非常了解"放松"带来的好处。

也许和怀特一样，关联型教师有时也会发现他们在和自己职业领域相关的科技领域沉迷过深。我们所认识的绝大多数关联型教师都热衷于与全世界的其他人保持联络，为此他们消耗了大量的工作以外的业余时间来延续这种热情。但是，这些教师同样也知道保持工作和生活两者平衡的重要性，他们会有意识地"放松"，并且开拓与朋友、家庭成员甚至自己交流的机会，所有的这些交流方式都与教育或者社交媒体无关。有趣的是，在很多情况下这些教师看起来似乎比别人有更多的时间来追寻教育以外的事情，他们知道，若是在经过了整整一天的工作之后，回到家还要坐在电脑前和他人进行虚拟交流，继续讨论有关职业的各种话题，这一切远不是生活的全部，更不是生活的真谛。

几乎我们认识的所有教师每天工作的时间都非常长，在学校开学阶段，很多教师每天在学校工作的时间长达10个小时甚至更多，以至于晚上回到家还要批改作业、备课、筹备会议以及准备职业教育事项，或者通过网络与其他教师联络以继续他们的合作学习和规划。就这样日复一日、年复一年，在学校教书或者做一个学校领导者需要完成的工作变得越来越多。对当今社会的教师来说，他们身上背负的诉求实在是太多了，这就需要我们好好地规划时间来过一段"放松"的生活，寻找一条无须通过数字化方式便可以与其他人轻松联络的途径。

科学研究已经证实了我们的想法，在互联网时代，人们的确因为过多地依赖科技而将自己推到了危险的边缘，其结果是我们的交际能力反而变弱了。不仅对我们的工作来说是这样，甚至对于我们的健康来说也是如此。最近的研究表明，智能手机用户在每天清醒状态的16个小时当中平均要查看150次手机，84%的移动电话用户说他们一天也不能离开手机，67%的移动电话用户在自己的手机并未震动或响铃的情况下也会不由自主地检查短信或者提示。美国人平均每月观看传统电视节目的时间超过6天，而每个月上互联网的时间则超过30小时。对很多人来说，仅仅只是通过一种设备上网是远远不够的，多达88%的美国人在观看电视的同时，还在通过他们的智能手机上网。

在电子设备上花费这么多的时间，其结果显然是有害的。根据一项研究表明：那些经常使用电子设备的人，在面对一些与他们喜欢接触的内容不大相关的信息时，会出现理解障碍。在另一项来自英国的研究中，超过50%的被测试者正在受到社交媒体对他们生活的负面影响，这其中包括：自信心降低、扰乱正常睡眠形态、产生焦虑等。在即将就寝之前使用这些高科技产品带来的问题更多，因为电子屏幕会发射出一种蓝色波长的光线，这种光线会刺激大脑，提醒它现在应该进入清醒状态，从而延缓了有助于睡眠的荷尔蒙褪黑素的自然释放。国家睡眠基金会已经发现："在上床前一小时以内使用过电子屏幕产品的人中，95%的会因此受到睡眠干扰。"最后，过度的虚拟交际也会让我们的身心受到损害。平常总是保持坐姿（这是我们在日常交际或者通过电子设备与别人联系时，通常会采用的姿势）是极不健康的，长期的不良姿势可能会导致各方面身体机能的失调。

因此，尽管我们坚定地提倡大家要做一名关联型教师，而且也亲眼看到、亲身经历了成为一名关联型教师后，确实能够促进我们的个人成长和职业发展。但是同样我们也要认识到，生活中的平衡何其重要！如果我们对此掉以轻心，就会发现我们花费了过多的时间在网络虚拟联系上，而没有充足的时间去与身边的朋友、家人以及大自然亲密接触，我们在身体、情绪和精神上的健康都会因此而被忽视。**成功的教师非常清楚，每天过多地沉浸于工作，或者频繁**

地通过电子设备上网，这样的状态是必须要改变的，最终他们会设法通过各种方式来定期"远离"自己的工作。

惬意的放松方式

为了确保自己不掉入"科技"的陷阱中，成功的关联型教师会每天规划好自己的日程，有意识地把它排得满满的并付出相应的行动，其中包括与社会媒体和电子屏幕完全无关的各种活动。他们会根据自己在什么时候、花多长时间、采用何种方式与何人联系等因素，为自己设定一个标准；他们会特意在自己的个人和职业生活中，规划出整段的时间用于与关联型学习没有关系的事情上，这些整段的时间视具体情况可长可短，而范围则可以从简单的几分钟小憩直到长达一天甚至多天的科技大扫除。尽管关联型教师可以找到的"放松"时间和方式非常宽泛，但有一件事情是必然的：**作为一个关联型教师有时可能会矫枉过正，这就必须要时刻提醒自己不能过多地依赖数字化的联系方式。**

杰出的教师对每一件他们所做的事情都有计划和目的，同样的道理也适用于关联型教师。为了避免在虚拟世界花费过多的时间，他们通常会有目的地计划好远离网络以及职业义务的时间。这听起来很简单也很容易，同时也是不证自明的，如同我们已然了解它的重要性一样。如果我们不是有意识地去"放松"，那么我们就会发现自己失去了很多这样做的绝好机会。在你的日常生活当中，无论再怎样强调要挤出时间寻找"放松"的机会都不过分。和我们共事过的那些关联型教师，每天都会计划出这样的时间，每天他们都会安排一些活动作为"放松"的时机，这些活动分散在全天的任何时候。一些人偏向于在清晨预留一定的时间来开始新的一天，一些人则是在吃饭时间或者工作日的尾声，或者在睡觉前清醒的两个小时内，还有一些人会在周末留出大部分甚至是全部的时间来远离网络。无论这些时间出现在一天中的哪一时段，重要的事实就是我们的确需要时间集中精力，驱除压力，在工作与休闲之间保持平衡状态。

如同本书讨论过的，出于职业成长和终身学习的目的，我们与全世界教师联系的可能性几乎是无限的。但是，"放松"的重要性也是不容忽视的，其具体形式会因个人兴趣、地理位置和家庭责任而有所不同。话虽如此，我们还是发现了关联型教师通常会采用的三种"放松"的方式，即锻炼、阅读以及独处。

锻炼　很明显，不是每个人都有成为一个狂热的锻炼爱好者的能力和意愿的，对于关联型教师来说亦如此。不过，我们仍然发现关联型教师中有一个庞大的群体会花时间用于锻炼身体，以此获得健康的生活方式。请注意正确理解这一点，有时候锻炼身体可以采取一些简单的形式，比如散步、骑自行车、沿着河岸漫步或者定期到教学楼的走廊里去做一做伸展运动。我们还认识几位同事，他们在工作时使用的是"站立式"办公设备，这样可以保证他们的健康不会因为长期保持坐姿而受到影响。当然，我们认识的很多人则是彻底的锻炼者，参与马拉松比赛、"铁人三项"赛、报名每日的体重控制课程，加入瑜伽训练班，打网球、登山、远足……关联型教师可以参加的体育活动，会受到各种因素的影响而发生很大变化，不过很多人都意识到我们的工作总是长时间坐在一个地方不动，身体极度缺乏运动，因此大家都自觉地挤出时间来让自己的身体得到某种程度的放松，这是关联型教师有意识地"放松"的一种方式。

阅读　我们所认识的那些优秀的教师阅读量惊人，他们的阅读范围同时兼及专业类阅读和休闲类阅读。无论他们是学校校长还是高中英语教师，他们对当今世界上发生的各类事件洞若观火，就好像这些事情都是他们专业领域中的研究对象一样。在最近这些年，获得各种阅读素材的方式呈现出戏剧性的增长，我们可以在电脑、手机以及平板电脑上进行阅读，而我们所阅读的内容也在发生着变化。很多教师会花很多时间来阅读同行发表在博客中的帖子，或者自己的学习网络中的成员分享的在线链接。我们发现了最有意思的一点，所有阅读方式中最普遍被接受而且最优先被选择的，仍然是阅读通过传统的纸质书籍、杂志和报纸。很多我们认识的关联型教师都是一边享受着咖啡，一边安静地阅读着日报，以此来开始新的一天。有一些教师则坚信每天晚上入睡前，花上15~20分钟阅读一本放在床头的书籍，这是他们最好的学习方式。还有一些教师则谈到他们会在教室中和学生一起各自独立地阅读。很多人会订阅喜欢的期刊或杂志，他们希望每周或每个月都能够看到这些期刊或杂志。和锻炼身体的活动会因教师的不同而有很大的变化一样，阅读方式也会根据教师的阅读习惯和兴趣爱好呈现出很大的差异。我们发现，关联型教师不仅会通过手机和平板电脑这样的电子设备来阅读，更会利用一些传统的印刷资源来阅读。尽管阅读是一项需要智力投入的活动，但是独自安静地与那些传统的纸质书籍共处，恰恰就是很多关联型教师有意识地"放松"的另一个途径。

独处　我们建议关联型教师必须有意识地给自己规划一段独处时间，我们发现这一点是很多成功人士和卓越的关联型教师都具备的特征。尽管在清醒的状态下，他们每天会花大部分的时间来和其他人保持联系，不管是通过面对面的方式还是在线互动的方式，但这些关联型教师还是会抽出时间来独自一人静静地思考。同前面提到的锻炼和阅读的情况一样，教师花在独处上的时间也会因人而异。我们认识的一些管理者和教师在白天会把办公室的门关上几分钟，借此机会来安静地思考，有些人则每天清晨一开始就会做心灵祈祷或者在脑海中放映一遍今天计划要完成的事情，还有一些人则每天入睡前会在脑海中重复一遍今天经历的事情。

在我们的职业生活中始终存在的一个事实就是：生活看上去总是杂乱无章，每天总有无穷无尽的决定需要我们去做，没完没了的会议要求我们去开，无休无止的课等着我们去上，五花八门的练习等着我们去设计，还有网上各式各样的在线会谈等着我们去参加。

虽然这种广泛的联系在不断扩大，但是我们更应该留出一些时间来和自己静静地独处。不管是每天早上抽出10分钟，以独处的方式来开始新的一天，还是在一天当中找到几个时间片段来冥想，或者找一段额外的固定时间来思考、计划和反思，关联型教师都把独处当成"放松"的有效途径！

集中精力完成最紧要的事

几年前，有关"多任务"的观点曾经风行一时，它似乎成了能够将人们从繁杂琐碎的日常事务中拯救出来的灵丹妙药。起初，"多任务"这个词语是用在计算机上的，意思是电脑可以同时执行一个以上的任务，后来慢慢地，这个词汇与人们的日常行为或者人类尝试达到的行为——在同一时间干多件事情——联系在一起了！尽管我们仍然看到很多忙碌的教师力图通过多任务工作的方式来节约时间，但是很遗憾，如果他们把它当成处理工作的常规方法和途径的话，我们很少看到他们当中有获得成功的个案，相反，我们发现多任务工作会导致我们的工作效率低下。

在多任务概念的诱惑下，很多繁忙的教育工作者很容易落入陷阱。在一个典型的学校工作日里，无论是班主任、学校管理者，还是教育顾问，或者学区内担任其他职务的人，每一分钟都会面对很多问题。很多教师经常要参加会议，他们打开笔记本电脑，试图集中精力听清会议主持人在说些什么，同时又不想放过电脑屏幕上跳出来的信息。从始至终，这样的人完全游离在会议主题之外，并非因为他们是一群无礼的或者心怀不满的员工，仅仅是他们觉得自己实在是忙得不可开交了，只想同时完成两项工作而已。以我们的经验来看，这可不是一种处理问题的高效方式，相反，我们发现，关联型教师只关注自己手头上的工作，而不会分心同时去干多项任务。尽管有时候在我们面对一些特别简单的工作，或者在完成一项不需要耗费过多注意力的任务时，这种方式可以表现出一定的高效率来，但实际上更重要的是，当我们尝试着同时投入到两件事情中去的时候，就会发现即使是我们已经完成的或者正在完成的工作，都不能做得很好。

研究显示，"多任务"模式会导致效率低下。一项研究中提到，当我们尝试多任务工作的时候，效率会下降40%，而其实这40%的损失已经足够让我们完成另一项单一的工作了。来自斯坦福的另一项研究成果表明，那些平常需要同时面对各种电子信息流的人，在注意力集中、记忆控制和工作切换方面表现不如那些只专心在同一时间做一件事情的人。另一份来自汉密尔顿、沃斯、赛丽尔和梅耶斯的研究发现，不同的任务需要调集不同的思维模式。举个教育领域的例子，在电话上处理一位忧虑的家长需要的思维模式，肯定和阅读校长发给你的一封电子邮件时的思维模式是不一样的，研究者发现，如果想出色地完成一项工作，那么在你做别的事情之前，最好一心一意地用同一种思维模式来投入工作。不断切换思维模式会消耗工作者的大量精力，让他们疲于奔命，而那些不需要经常改变思维模式的人，通常会在后续的精神能力测试中表现更加出色。

关联型教师的每一秒钟都是繁忙的，但他们知道只有集中精力先完成手头上的事情，才可以做更多的事情，而不是试图同时完成多个任务。不管他们是在集中精神与一位同事面对面交流，还是给学生写的论文评分，或是参加微博聊天，他们都倾向于集中注意力来完成手头上最紧要的任务。他们知道如果从长计议的话，这样做实际上是在帮他们节省时间，让他们能够更好地参与到每一项工作中去。最为重要的是，关联型教师知道自己无论做什么事情都要保持专注！

严控时间，保持生活与工作的平衡

关联型教师对自己的职业充满激情，以至于想把自己的每一分钟都投入到工作和学习中去。他们对自己的要求很高，总希望自己明天所做的一切都能够比今天更加出色。他们非常愿意挤出时间来工作，并且迫切地希望走出学校日常的狭小圈子，摆脱自己的日常角色，甚至愿意利用晚上、周末、假期来接触其他的教师，通过不断努力让自己更加出色。他们看起来似乎拥有超乎常人的精力和热情，对每一件所做的事都自然地流露出积极的愉悦之情，但是，和其他人一样，每一天对他们来说也只有24小时。他们知道在特定的时间段内，能够应付的事情毕竟也是有限的，因此，他们会有意识地放松自己。

教师之所以会花费大量的时间与自己学校之外的人保持联系，是因为他们觉得这些人正是他们的榜样。他们知道作为一名关联型教师所要做出的榜样，其中就包括不要花费过多的时间和精力在联络上，也知道追求成功的关键因素就是如何根据自己的时间平衡好各种不同的兴趣和需求。那些成功的教师特别注重监控自身的时间，这样才能保证他们的社交健康、情绪健康和身体健康。他们的确会严格控制自己每周上网交流的频率，反复思考自己所学到的东西、所完成的工作以及尚未处理的问题。当他们发现自己生活的天平正在朝另一个方向倾斜的时候，他们会迅速采取行动来纠正这种不平衡。

5项行动措施

我们总结了5项行动措施，你可以借助这些建议来开始或继续成为一个关联型教师，以下就是针对你自觉安排"放松"的时间后如何让工作和生活更加平衡，我们建议你采取的5项措施：

1. 在你的日常工作中，先建立三个"五分钟休息"时段。在这三个时段中，你应该离开你的办公桌，你每天的大部分时间都坐在那里，这时候你需要的是到外边的操场或者走廊上散个步，仅仅是把它当作一个运动、拉伸和再充电的过程罢了。

2. 考虑参加一些以放松为主题的社交活动。

3. 每天至少留出15分钟来读一本书、一份报纸或者一本杂志，要避免只是简单地在网络上或者平板电脑上进行阅读，要在传统阅读方式和电子阅读方式之间找到一个较好的平衡点。

4. 报名参加一个和你所从事的工作没有任何关系的兴趣班，它可以是那种每次不需要付出很长时间，但要一直不间断参加的课程，比如可以报名参加每周只上一个晚上的烹饪课程或者陶艺课程。总之，尝试着去做一些你之前从来没有做过的事情。

5. 给自己设定一个目标，志愿参加或者投身于一些社区公益服务项目。如果你还没有做好参与这些项目的准备，可以从一些小事情做起，你还可以邀请同事、朋友或者家庭成员和你一起参加这样的活动。

POSTSCRIPT 后记

努力成为一名成长型教师

我们希望本书的很多读者，在阅读之前都认定自己已经是一名成长型教师。对于这样的读者，我们希望本书中讨论过的观点可以对他们自己的思想和行为发挥作用，最好还能够在如何不断成长上启发他们产生出全新的思路。我们也希望那些目前还不是成长型教师，或刚刚准备成为成长型教师的读者能够变得更加努力。对于这样的读者，我们希望他能够在自己选择的旅程上坚持前行。要知道如果教师保持这样的状态，就会发现这个过程是非常值得去追求的。

在"互联网+"时代，成长型教师更多地需要让自己与整个世界发生关联，这就要求教师拥有强大的心态。要记住在本书中我们对成长型教师的定义就是："那些积极、持续地在自己职业成长之路上寻求新机会和新资源的人。"因此，我们在本书中将成长型教师也称为关联型教师。

关联型教师虽然不可能知道每一个问题的答案，也并没有把自己变得如预想般尽善尽美，但是他们仍不遗余力地努力为学生服务，希望孩子们的明天能够更加美好。

世界上每一个教师生命中的每一天都是24小时，从开始到结束，这一天当中填满了一系列的教学活动、职责、义务、决定、问题、冲突、项目、会议、电话和电子邮件等，不胜枚举的繁琐事务消耗了我们大量宝贵的时间。大家都在开玩笑说，忙得几乎没有时间去洗手间或者吃午饭。但是实际上，玩笑不只是一个玩笑，作为一个忙到"荒唐"地步的教师，我们对你平时的繁忙程度感同身受。因此，如果我们告诉你要成为一名关联型教师不需要从你的时间宝库中再挤出额外时间，那么我们就是在对你撒谎。这项工作需要耗费时间，还需要具备等待结果的耐心，但是如果你始终不渝，我们可以向你保证，最终你将从那一只只的"魔术口袋"中变出一个精彩纷呈的网络世界来。

如果你在几年前就开始了这样的征途，祝贺你在这条道路上已经先人一步，如果你还只是刚刚起步，那也为时未晚。实际上，今天就是最理想的起点，不要把这件事情推到明天。从小事开始，也许每次留出20分钟，每周四五次，和那些有同样想法的教师开始联系就足够了。未来的某一天，你会发现自己已经成为了互动交流当中非常有价值的一环，这时候你就发现当初的20分钟已经在联络中变成了1个小时甚至更长的时间。还有其他的一些小事也可以做，比如你一开始觉得自己通过微博只能发送一些你喜欢的名言，或者发生在班级当中某个事件的照片。没关系，就从这些小事开始吧！坚持不懈！分享你的故事，最后终将得到你应该得到的收获，你自己的职业生活和个人生活也将因为做这些事情而变得更充实、更多彩。

当你身处积极的人际圈子时，每一天都会发现周围有一大群努力工作、开心愉快和善良美好的人在环绕着你、支持着你。他们充满爱心、乐观向上、努力工作的生活态度和善良品质可以让"坏日子"少一些"郁闷"，让好日子更加"美妙"。而你接下来要做的，就是以同样的态度和方式对待他们，最后，我们会一起变成在教育领域中更聪明和更优秀的人。

我们的工作太重要了，因此我们要尽可能地利用我们的一切力量。为了教育和培养我们的年轻人，为了教师这个最高尚、最神圣的职业，我们需要步入关联型教育的殿堂，在学习那些最美好、最闪亮的智慧的过程当中，也将自己的智慧奉献给全世界！

像冠军一样教学：
引领学生走向卓越的62个教学诀窍

ISBN：9787515343488
作者：[美]道格·莱莫夫
2016-9 定价：49.00元
上架建议：畅销书 教师用书

入选《中国教育报》2016年度"教师喜爱的100本书"
入选中国教育新闻网2016年度"影响教师的100本书"

- ◎ 被誉为美国的"教学圣经"
- ◎ 全球1700万教师口碑相传的教学指南
- ◎ 教育界罕见的销量过千万的全球畅销书
- ◎ 只要掌握技巧，没有教不会的学生
- ◎ 一套已被证明适合每一所学校和每一个教师课堂的实用教学工具
- ◎ 《纽约时报》《时代周刊》《洛杉矶时报》《华盛顿邮报》《华尔街日报》《今日美国》等权威媒体重磅推荐
- ◎ 伟大的教师不是天生的，而是后天造就的。事实上，每一位教师都可以选择加倍努力来完善自己，最终成为你想成为的教师。本书涉及的62个教师技巧，一直被大多数教师实践，所有遵循这些方法的教师，都成功掌控了自己的课堂。

内容简介：《像冠军一样教学：引领学生走向卓越的62个教学诀窍》被誉为美国的"教学圣经"，作者多年来观察教学成效出色的冠军教师，从他们的教学技巧中整理归纳出一套实用的教学手册，清晰易懂又容易上手，能帮助新手教师更快进入状况，快速提升教学效果；帮助老教师直达教育本质，沉淀教学精华；帮助学生发挥最大潜力，在未来拥有更多机会。

全书在一个个引人入胜的教学案例中，为教师提供了62个操作简便、高效实用的教学技巧，每章末均附有切实可行的培训练习，帮助教师进一步理解和反思他们的教学行为，以更好地引导学生专注学习，发挥最大潜力。

作者简介：道格·莱莫夫是美国畅销书作家、权威教育家、著名教师培训导师。毕业于哈佛大学。

道格是教育界的权威专家。不仅如此，他还是全美教师培训界最引人注目的导师，他在观察几千堂"不可思议"的高效课堂后，归纳出冠军教师所需要的62个教学诀窍，他关于教学的理念和方法，一直被大多数教师实践，所有遵循这些方法的人，都成功掌控了自己的课堂和生活，并从中获得了无限快乐和幸福。

《像冠军一样教学：引领学生走向卓越的62个教学诀窍》出版后，在全球教育界引起巨大震动，包括《纽约时报》《洛杉矶时报》等主流媒体都做过专文报道。莱莫夫本人也声名鹊起，哈佛大学教育学院数次诚邀他登台演讲，约旦王后拉尼娅盛情邀请他出任教育顾问。

他还撰写了畅销书《练习的力量：把事情做到更好的42法则》。

- 风靡全球的"翻转课堂"和"翻转学习",最早起源于本书的两位作者乔纳森·伯尔曼和亚伦·萨姆斯,他们所任教的美国科罗拉多州落基山的"林地公园"高中被誉为"翻转课堂圣地",他们在学校长达10余年的对于翻转课堂的实践,已经引起越来越多的人的关注,以至于经常受到邀请向全世界同行介绍这种教学模式
- 来自"世界翻转课堂圣地"的成功模式——轻松效仿
- 被誉为"翻转课堂先驱"的他们对翻转课堂进行了长达十余年的勇敢尝试——成效显著
- 数学和科学卓越教学总统奖得主震撼力作——超强影响力

作者简介:乔纳森·伯格曼,获得过数学和科学卓越教学总统奖(该奖项是美国数学和科学教学领域杰出表现的最高认证),被誉为"翻转课堂先驱"。他和亚伦对翻转课堂进行了长达十余年的勇敢尝试和实践,引起了全世界的关注,世界各地的小学、初中、高中乃至成人教育都纷纷采用这种模式来教授各个学科,并取得了卓越的成效。

亚伦·萨姆斯,获得过数学和科学卓越教学总统奖,被誉为"翻转课堂先驱"。他和乔纳森一起为"翻转课堂"这种教学模式的完善和推广做出了巨大的贡献。

入选中国教育新闻网"影响教师的100本书"

**翻转课堂与慕课教学:
一场正在到来的教育变革**

ISBN:978-7-5153-2823-2
作者:[美]乔纳森·伯格曼,亚伦·萨姆斯
定价:26.00元

**翻转学习:如何更好地实践
翻转课堂与慕课教学**

ISBN:978-7-5153-3483-7
作者:[美]乔纳森·伯格曼,亚伦·萨姆斯
定价:32.00元

内容简介:《翻转课堂与慕课教学》开始于一个简单的观察:在传统课堂上,学生一直很被动地接受教师的答案。而现在,作者乔纳森·伯格曼和亚伦·萨姆斯尝试了翻转课堂模式,这种模式以学生为中心,鼓励学生为自己的学习负责,并广泛运用于学生的家庭作业、课堂任务、实验和考试等各个方面。

通过10余年的勇敢尝试,乔纳森·伯格曼和亚伦·萨姆斯渐渐发现这种模式可以复制到任何一个课堂,也不需要更多金钱的投入。在这本书中,你将知道"翻转课堂"模式究竟是什么,为什么这种模式会有效,如何实施这一模式。

内容简介:本书探讨的是一场比翻转课堂更深入的变革:老师不仅仅考虑翻转自己的课堂,而是更为深入地去翻转整个学习过程——如何最充分地利用与学生面对面的时间,从根本上改变课堂和学校,从而满足每一个学生的需要,真正达到定制化学习体验,实现教育"最有效点"。

翻转学习的最大力量正是能够为每一个孩子定制学习。教师可以集中精力改变课堂,使它完全以学生为中心。翻转学习将永远改变教师的教学和与学生互动的方式:学生不仅提高了成绩,而且习得了更加重要的批判性思维和写作技能。教师在课堂上比以往任何时候都更兴奋和轻松。

"常青藤"书系—中青文教师用书总目录

书名	书号	定价
特别推荐——从优秀到卓越系列		
★ 从优秀教师到卓越教师：极具影响力的日常教学策略（入选浙江省教师节用书）	9787515312378	33.80
★ 从优秀教学到卓越教学：让学生专注学习的最实用教学指南	9787515324227	32.00
★ 从优秀学校到卓越学校：他们的校长在哪些方面做得更好	9787515325637	33.80
★ 卓越课堂管理（中国教育新闻网2015年度"影响教师的100本书"）	9787515331362	68.00
名师新经典/教育名著		
如何当好一名学校中层：快速提升中层能力、成就优秀学校的31个高效策略	9787515346519	29.00
像冠军一样教学：引领学生走向卓越的62个教学诀窍	9787515343488	49.00
★ 如何成为高效能教师（美国最畅销教师用书，销量超过350万册，最专业、最权威、最系统的教师培训第一书）	9787515301747	89.00
★ 给教师的101条建议（第三版）（《中国教育报》"最佳图书"奖）	9787515342665	33.00
★ 改善学生课堂表现的50个方法：小技巧获得大改变（入选《中国教育报》2010年和2011年"影响教师的100本书"）	9787500693536	23.80
改善学生课堂表现的50个方法操作指南：小技巧获得大改变	9787515334783	29.00
★ 优秀教师一定要知道的17件事（美国当前最有影响教育畅销书作者全新力作）	9787515342726	23.00
美国中小学世界历史读本/世界地理读本/艺术史读本	9787515317397等	106.00
美国语文读本1–6	9787515314624等	252.70
和优秀教师一起读苏霍姆林斯基	9787500698401	27.00
★ 怎么做孩子会爱上学习（入选"21世纪中国教师必读的百种好书"，《中国教育报》"2010年影响教师的100本书"）	9787500685968	22.00
快速破解60个日常教学难题	9787515339320	33.00
★ 美国最好的中学是怎样的——让孩子成为学习高手的乐园	9787515344713	28.00
教师成长/专业素养		
教师精力管理：让教师高效教学，学生自主学习	9787515349169	28.00
如何使学生成为优秀的思考者和学习者：哈佛大学教育学院课堂思考解决方案	9787515348155	39.80
反思性教学：一个已被证明能让所有教师做到最好的培训项目（30周年纪念版）	9787515347837	49.00
★ 凭什么让学生服你：极具影响力的日常教育策略	9787515347554	28.00
运用积极心理学提高学生成绩：品格教育校本计划	9787515345680	39.80
★ 可见的学习与思维教学：让教学对学生可见，让学习对教师可见	9787515345000	29.80
教学是一段旅程：成长为卓越教师你一定要知道的事	9787515344478	39.00
安奈特·布鲁肖写给教师的101首诗	9787515340982	35.00
万人迷老师养成宝典学习指南	9787515340784	28.00
中小学教师职业道德培训手册：师德的定义、养成与评估	9787515340777	32.00
成为顶尖教师的10项修炼（中国教育新闻网2015年度"影响教师的100本书"）	9787515334066	35.00

	书名	书号	定价
★	T. E. T. 教师效能训练：一个已被证明能让所有年龄学生做到最好的培训项目（30周年纪念版）（中国教育新闻网2015年度"影响教师的100本书"）	9787515332284	39.00
	教学需要打破常规：全世界最受欢迎的创意教学法（中国教育新闻网2015年度"影响教师的100本书"）	9787515331591	33.00
	高效能教师如何带领学生取得优异成绩（中国教育新闻网2015年度"影响教师的100本书"）	9787515328980	39.00
	10天卓越教师自我培训（教育家安奈特·布鲁肖顶尖卓越教师培训教材）	9787515329925	29.00
	给幼儿教师的100个创意：幼儿园班级设计与管理	9787515330310	29.00
	给幼儿教师的100个创意：为幼升小做准备	9787515329130	29.90
	给小学教师的100个创意：发展思维能力	9787515327402	29.00
	给中学教师的100个创意：如何激发学生的天赋和特长／杰出的教学／快速改善学生课堂表现	9787515330723等	87.90
	以学生为中心的翻转教学11法	9787515328386	29.00
	如何使教师保持职业激情	9787515305868	29.00
★	如何培训高效能教师：来自全美权威教师培训项目的建议	9787515324685	32.00
	良好教学效果的12试金石：每天都需要专注的事情清单	9787515326283	29.90
★	让每个学生主动参与学习的37个技巧	9787515320526	28.00
	10分钟教师培训：卓越教师的40个快速训练法	9787515320519	32.00
	高效能教师的时间管理法	9787515321073	35.00
	提高学生学习效率的9种教学方法	9787515310954	27.80
★	优秀教师的课堂艺术：唤醒快乐积极的教学技能手册	9787515342719	26.00
★	万人迷老师养成宝典（第2版）（入选《中国教育报》"2010年影响教师的100本书"）	9787515342702	29.00
	高效能教师的9个习惯	9787500699316	23.00
★	好老师可以避免的20个课堂错误（入选《中国教育报》"2010年影响教师的100本书"）	9787500688785	21.50
	爱·上课：麻辣教师调教"天下第一班"的教育奇迹（李希贵、窦桂梅推荐）	9787500693383	29.00
课堂教学/课堂管理			
	基于课程标准的STEM教学设计：有趣有料有效的STEM跨学科培养教学方案	9787515349879	68.00
	如何设计教学细节：好课堂是设计出来的	9787515349152	39.00
	15秒课堂管理法：让上课变得有料、有趣、有秩序	9787515348490	33.80
	混合式教学：技术工具辅助教学实操手册	9787515347073	39.80
	从备课开始的50个创意教学法	9787515346618	29.00
	中学生实现成绩突破的40个引导方法	9787515345192	33.00
	给小学教师的100个简单的科学实验创意	9787515342481	39.00
	老师如何提问，学生才会思考	9787515341217	33.80

书名	书号	定价
教师如何提高学生小组合作学习效率	9787515340340	29.00
卓越教师的200条教学策略	9787515340401	35.00
中小学生执行力训练手册：教出高效、专注、有自信的学生	9787515335384	33.80
提高学生学习专注力的8个方法：打造深度学习课堂	9787515333557	35.00
改善学生学习态度的58个建议	9787515324067	25.00
★ 全脑教学：影响全球300万教师的教学指导书（中国教育新闻网2015年度"影响教师的100本书"）	9787515323169	38.00
★ 全脑教学与成长型思维教学：提高学生学习力的92个课堂游戏	9787515349466	39.00
★ 哈佛大学教育学院思维训练课	9787515325101	36.00
完美结束一堂课的35个好创意	9787515325163	28.00
如何更好地教学：优秀教师一定要知道的事（被英国教育界奉为圣经的教学用书）	9787515324609	36.00
带着目的教与学	9787515323978	28.00
★ 美国中小学生社会技能课程与活动（学前阶段/1-3年级/4-6年级/7-12年级）	9787515322537等	153.80
彻底走出教学误区：开启轻松智能课堂管理的45个方法	9787515322285	28.00
破解问题学生的行为密码：如何教好焦虑、逆反、孤僻、暴躁、早熟的学生	9787515322292	36.00
★ 在普通课堂教出尖子生的20个方法：分层教学	9787515321868	29.90
天天向上：中学教学问题解决手册	9787515321202	29.00
13个教学难题解决手册	9787515320502	28.00
★ 让学生爱上学习的165个课堂游戏	9787515319032	39.00
美国学生游戏与素质训练手册：培养孩子合作、自尊、沟通、情商的103种教育游戏	9787515325156	36.00
老师怎么说，学生才会听	9787515312057	28.00
快乐教学：如何让学生积极与你互动（入选《中国教育报》"影响教师的100本书"）	9787500696087	29.00
★ 老师怎么教，学生才会提问	9787515317410	29.00
★ 快速改善课堂纪律的75个方法	9787515313665	28.00
★ 教学可以很简单：高效能教师轻松教学7法	9787515314457	25.00
88种美国中小学经典课堂教学活动	9787515314419	32.00
★ 好老师应对课堂挑战的25个方法（《给教师的101条建议》作者新书）	9787500699378	25.00
快速调动学生参与的99个方法（被誉为美国调动学生参与最有价值之书）	9787515317069	31.90
★ 好老师激励后进生的21个课堂技巧	9787515311838	23.80
★ 开始和结束一堂课的50个好创意	9787515312071	19.80
好老师因材施教的12个方法（美国著名教师伊莉莎白"好老师"三部曲）	9787500694847	22.00
★ 如何打造高效能课堂（美国《学习》杂志"教师必选"奖，"激励教师组织"推荐书目）	9787500680666	29.00
合理有据的教师评价：课堂评估衡量学生进步	9787515330815	29.00
班主任工作/德育		
★ 北京四中8班的教育奇迹	9787515321608	36.00

	书名	书号	定价
★	师德教育培训手册	9787515326627	29.80
	打造优秀班级的15个秘密	9787515319117	28.00
★	设计和管理最优班级实用手册	9787515317731	49.00
★	好老师征服后进生的14堂课（美国著名教师伊莉莎白"好老师"三部曲）	9787500693819	25.00
	优秀班主任的50条建议：师德教育感动读本（《中国教育报》专题推荐）	9787515305752	23.00
	优秀教师一定读的60个故事（传达60种爱的教育方式）	9787500696285	25.00
学校管理/校长领导力			
	学校管理者平衡时间和精力的21个方法	9787515349886	29.90
	校长引导中层和教师思考的50个问题	9787515349176	29.00
	如何定义、评估和改变学校文化	9787515340371	29.80
	学校管理者如何构建卓越学校	9787515330754	28.00
	从优秀学校到卓越学校：他们的校长在哪些方面做得更好	9787515325637	33.80
	优秀校长一定要做的18件事（入选《中国教育报》"2009年影响教师的100本书"）	9787515342733	26.00
	构建杰出学校的7个杠杆	9787515324319	39.00
	给校长的127条建议（入选《中国教育报》2010年和2011年"影响教师的100本书"）	9787500694779	23.00
	创新型学校：给学校管理者的9个策略（入选《中国教育报》2010年和2011年"影响教师的100本书"）	9787500693628	23.00
学科教学/教科研			
★	人大附中中考作文取胜之道	9787515345567	39.80
★	人大附中高考作文取胜之道	9787515320694	33.80
★	人大附中学生这样学语文：走近经典名著	9787515328959	33.80
	让小学一年级孩子爱上阅读的40个方法	9787515307589	30.00
	让学生爱上数学的48个游戏	9787515326207	26.00
★	优秀小学语文教师一定要知道的7件事（窦桂梅畅销作品）	9787500674139	23.80
情商教育/心理咨询			
	中小学心理教师的10项修炼	9787515309347	36.00
★	别和青春期的孩子较劲（增订版）（入选《中国教育报》"2009年影响教师的100本书"）	9787515343075	28.00
★	100条让孩子胜出的社交规则	9787515327648	28.00
幼儿园/学前教育			
	幼儿园30个大主题活动精选：让工作更轻松的整合技巧	9787515339627	39.80
★	美国幼儿教育活动大百科：3-6岁儿童学习与发展指南用书·科学	9787515324265	150.00
★	美国幼儿教育活动大百科：3-6岁儿童学习与发展指南用书·艺术	9787515324289	150.00
★	美国幼儿教育活动大百科：3-6岁儿童学习与发展指南用书·健康与语言	9787515324296	150.00
★	美国幼儿教育活动大百科：3-6岁儿童学习与发展指南用书·社会	9787515324272	150.00
	蒙台梭利早期教育法：3-6岁儿童发展指南（理论版）	9787515322544	29.80

书名	书号	定价
蒙台梭利儿童教育手册：3-6岁儿童发展指南（实践版）	9787515307664	25.00
自由地学习：华德福的幼儿园教育	9787515328300	29.90
你的水桶有多满（儿童版）	9787515342689	29.00
赞美你：奥巴马给女儿的信	9787515303222	19.90
教育主张/教育视野		
如何发现孩子：实践蒙台梭利解放天性的趣味游戏	9787515325750	32.00
如何学习：用更短的时间达到更佳效果和更好成绩	9787515349084	49.00
教师和家长共同培养卓越学生的10个策略	9787515331355	27.00
如何阅读：一个已被证实的低投入高回报的学习方法	9787515346847	39.00
芬兰教育全球第一的秘密（珍藏版）（《中国教育报》等主流媒体专题推荐，台湾教育类畅销书榜第一名）	9787515342610	28.00
世界最好的教育给父母和教师的45堂必修课（《芬兰教育全球第一的秘密》2）	9787515342696	28.00
杰出青少年的7个习惯（精英版）（中小学图书馆推荐书目、中国青少年必读书目）	9787515342672	39.00
杰出青少年的6个决定（领袖版）（中小学图书馆推荐书目、中国青少年必读书目、全国优秀出版物奖）	9787515342658	28.00
7个习惯教出优秀学生（第2版）（全球第一畅销书《高效能人士的七个习惯》教师版）	9787515342573	29.00
学习的科学：如何学习得更好更快（入选2016年中国教育网暑期推荐书目）	9787515341767	39.80
杰出青少年构建内心世界的5个坐标（中国青少年成长公开课）	9787515314952	59.00
跳出教育的盒子（第2版）（美国中小学教学经典畅销书）	9787515344676	35.00
夏烈教授给高中生的19场讲座（入选《中国教育报》"2013年最受教师欢迎的100本书"）	9787515318813	29.90
学习之道：美国公认经典学习书	9787515342641	39.00
翻转学习：如何更好地实践翻转课堂与慕课教学（中国教育新闻网2015年度"影响教师的100本书"）	9787515334837	32.00
翻转课堂与慕课教学：一场正在到来的教育变革	9787515328232	26.00
翻转课堂与混合式教学：互联网+时代，教育变革的最佳解决方案	9787515349022	29.80
奇迹学校：震撼美国教育界的教学传奇（中国教育新闻网2015年度"影响教师的100本书"）	9787515327044	36.00
学校是一段旅程：华德福教师1-8年级教学手记	9787515327945	32.00
高效能人士的七个习惯（25周年纪念版）（全球头号畅销书）	9787515326399	68.00
盖洛普优势识别器2.0：《现在，发现你的优势》升级版	9787515308036	199.00

您可以通过如下途径购买：

1. 书　　店：各地新华书店、教育书店。
2. 网上书店：当当网（www.dangdang.com）、亚马逊中国网（www.amazon.cn）、天猫（zqwts.tmall.com）
　　　　　　 京东网（www.360buy.com）、第一街（www.diyijie.com）。
3. 团　　购：各地教育部门、学校、教师培训机构、图书馆团购，可享受特别优惠。
　　购书热线：010-65511270 / 65516873

如何成为高效能教师

作者：（美）黄绍裘　黄露丝玛丽
定价：89.00元

- 美国教师培训第一书
- 一套完整的高效能教师培训系统和教师核心素养提升解决方案
- 全球销量超400万册
- 超值赠送60分钟美国最专业、最受欢迎网络教学视频
- 200页网络版主题教学拓展资源

卓越课堂管理

作者：（美）黄绍裘　黄露丝玛丽
定价：68.00元

- 获中国教育新闻网2015年度"影响教师的100本书"奖
- 获2016年第25届上海市中小学、幼儿园"优秀图书"奖
- 一套高效管理课堂的完整体系，为广大教师提供50种有效的课堂管理方案
- 并示范高效能教师的6套开学管理计划，让学生通过严格执行50种教育程序获得成功。